ARTHUR

PAR

EUGÈNE SÜE

TOME DEUXIÈME.

PARIS
PAULIN, ÉDITEUR
RUE RICHELIEU, 60

1845

ARTHUR.

IMPRIMÉ PAR PLON FRÈRES,
RUE DE VAUGIRARD, 36.

ARTHUR

PAR

EUGÈNE SÜE.

TOME DEUXIÈME.

PARIS
PAULIN, ÉDITEUR,
RUE RICHELIEU, 60.

1845

ARTHUR.

JOURNAL D'UN INCONNU.

MADAME
LA MARQUISE DE PENAFIEL.
(SUITE.)

CHAPITRE PREMIER.

PROJETS.

Quand M. de Cernay fut sorti, j'éprouvai une sorte de regret d'avoir repoussé ainsi ses avances amicales. Mais ce qu'il m'avait dit de *puissance d'attraction*, me paraissant un mensonge suprêmement ridicule, me mit en défiance avec lui ; puis l'espèce de haine acharnée avec laquelle il me semblait poursuivre madame de Pënâfiel me donnait une pauvre idée de la sûreté de ses relations. Pourtant peut-être m'étais-je trompé, car, aux yeux des hommes, les femmes sont tellement en dehors du *droit com-*

mun, si cela se peut dire, et les duretés ou les mépris dont ils les accablent souvent en secret et dont ils se font quelquefois hautement gloire, nuisent si peu à ce qu'on appelle une réputation de *galant homme*... d'*homme d'honneur*... qu'il se pouvait que M. de Cernay eût en effet toutes les qualités d'un ami solide et vrai. Mais il me fut impossible de ne pas l'accueillir ainsi que je l'avais fait.

Je me louai aussi de lui avoir assez dissimulé mon véritable caractère pour lui en avoir donné une idée absolument fausse ou singulièrement vague.

Il m'a toujours semblé odieux d'être connu ou pénétré par les indifférents, et dangereux de l'être par ses ennemis ou même par ses amis. S'il y a dans l'organisation morale de chacun un point culminant qui soit le départ et le terme de toutes les pensées, de tous les vœux, de tous les désirs ; si enfin, noble ou honteux, il est une sorte d'*idée* fixe que l'on sent pour ainsi dire *battre en soi* à toute heure, car souvent on dirait que le cœur se déplace, c'est surtout ce point toujours palpitant qu'il faut peut-être le plus habilement déguiser à la connaissance de chacun, le plus impitoyablement défendre contre toute surprise, car ordinairement là est la faiblesse, la plaie, l'endroit infailliblement vulnérable de notre nature.

Si l'envie, l'orgueil, la cupidité, prédominent en vous, vous devez surtout vous attacher à paraître, et souvent vous paraissez, sans feindre beaucoup, modeste, bienveillant et désintéressé. De même aussi qu'on voit souvent des gens d'une âme compatissante et généreuse enfouir ce trésor de commisération et de bonté sous une écorce rude et sauvage ; car on dirait que l'éducation vous donne l'instinct de dissimuler vos vices ou vos vertus, ainsi que la nature donne à certains animaux les moyens de se protéger contre leur propre faiblesse.

Je m'étais donc montré aux yeux du comte d'un égoïsme outré et d'une insensibilité cynique, parce que je sentais encore en moi d'invincibles penchants à tous les sentiments généreux ! Mais, hélas ! ce n'étaient plus que des penchants ! Les terribles enseignements de mon père, en m'apprenant à douter, avaient aussi développé en moi jusqu'à sa plus farouche exaltation une impitoyable susceptibilité d'orgueil ! En un mot, ce que je redoutais le plus au monde était d'être *pris pour dupe* si je me livrais aux élans involontaires de mon âme, d'abord expansive et franche.

Mais si la méfiance et l'orgueil desséchaient chaque jour dans leurs germes ces nobles instincts, ainsi que l'homme déchu se rappelait l'Eden, il m'en était malheureusement resté le souvenir! Je comprenais, sans pouvoir l'éprouver, tout ce qu'il devait y avoir, tout ce qu'il y avait d'enivrant et de divin dans le dévouement et la confiance!

C'était de ma part une continuelle aspiration vers une sphère éthérée, radieuse, au sein de laquelle j'évoquais les amitiés les plus admirables, les amours les plus passionnés! Mais, hélas! une défiance acharnée, implacable, honteuse, me faisant bientôt craindre qu'en application tous ces rêves adorables ne fussent plus que de mensongères apparences, son souffle glacé venait incessamment détruire tant de visions enchanteresses!

Je ne pouvais plus d'ailleurs m'abuser; ce qu'il y avait de bas, d'égoïste et de faible en moi l'emportait de beaucoup sur ce qu'il me restait de noble, de grand et d'élevé dans le cœur.

Ma conduite avec Hélène me l'avait prouvé. L'homme qui calcule et pèse sordidement les chances de ses impulsions, l'homme qui se retient d'éprouver une généreuse attraction de peur de la voir déçue, celui-là est dépourvu de force, de grandeur et de bonté.

La méfiance côtoie la lâcheté; de la lâcheté à une cruauté froide, il n'y a qu'une nuance. Je devais, hélas! l'éprouver misérablement pour moi et pour les autres!

Et pourtant je n'étais pas d'une organisation haineuse et méchante! Je ressentais des émotions d'une douceur inexprimable lorsque obscurément j'avais rendu quelque service ignoré, dont je ne craignais pas de *rougir!* Puis, ce qui n'est jamais, je crois, le fait des âmes absolument mauvaises et perverses, j'aimais à contempler toutes les magnificences de la nature! La vue d'un splendide coucher du soleil me causait une joie d'enfant! J'étais heureux de trouver dans un livre la peinture consolante d'un sentiment généreux et bon! et la sympathie profonde que cette lecture faisait délicieusement vibrer en moi me prouvait que toutes les nobles cordes de mon âme n'étaient pas brisées...

Autant j'aimais, j'admirais passionnément Walter Scott... ce sublime bienfaiteur de la pensée souffrante, dont le génie adorable vous laisse, si on peut excuser cette vulgarité, la bouche toujours si *fraîche* et si suave... autant je fuyais, je maudissais Byron, dont le stérile et désolant scepticisme ne laisse aux lèvres que fiel et amertume....

Je comprenais si bien toutes les misères, toutes les afflictions, que je poussais souvent la délicatesse et la crainte de blesser les gens malheureux ou d'une condition inférieure jusqu'à des scrupules presque ridicules ; j'éprouvais sans raison des attendrissements involontaires et puérils ; je sentais parfois un immense besoin d'aimer, de me dévouer : mon premier mouvement était toujours naïf, sincère et bon ; mais la réflexion venait tout flétrir. C'était enfin une lutte perpétuelle entre mon cœur qui me disait : *Crois*, — *aime*, — *espère*... et mon esprit qui me disait : *doute*, — *méprise* — et *crains !!*

Aussi, en observant et ressentant le choc douloureux de ces deux impressions si diverses, il me semblait que j'éprouvais avec le cœur de ma mère et que j'analysais avec l'esprit de mon père ; — mais, comme toujours, l'esprit devait l'emporter sur le cœur.

Et puis j'avais encore une terrible faculté de comparaison de moi aux autres, à l'aide de laquelle je trouvais mille raisons évidentes pour que les autres ne m'aimassent pas, et conséquemment pour me défier de chacun.

Ainsi ma mère m'avait adoré, et j'avais oublié ma mère! ou du moins j'y songeais seulement lors de mes ennuis désespérés! Mais, si un éclair de joie, de vanité satisfaite, venait m'éblouir, ces pieuses pensées, un moment évoquées, retombaient aussitôt dans l'ombre du tombeau maternel.

Je devais tout à mon père, et je ne pensais plus à lui que pour maudire la précoce et fatale expérience qu'il m'avait donnée. — Hélène m'avait aimé du plus chaste et du plus véritable amour, et j'avais répondu à cette belle âme en l'outrageant par la méfiance la plus odieuse! Ainsi de ma part toujours ingratitude, soupçon et oubli ; de quel droit aurais-je donc voulu chez les autres amour et dévouement?

En vain, me disais-je : Mon père, ma mère, Hélène, m'ont aimé tel que j'étais. Mais mon père était mon père, ma mère était ma mère, Hélène était Hélène. (Car je rangeais avec raison l'amour d'Hélène pour moi parmi les sentiments innés, naturels, presque de famille.) Et pourtant, me disais-je, l'aversion que je lui ai inspirée a été telle, que cet amour d'enfance, si profondément enraciné dans son cœur, est mort en un jour!

Oh! c'était en vérité un formidable et stérile châtiment que celui-là, dont je me faisais à la fois la victime et le bourreau, sans que ces tristes rigueurs me rendissent meilleur ni pour moi ni pour les autres. . . . .
. . . .

Je reviens à madame de Pënâfiel; j'avais aussi dû entièrement cacher à M. de Cernay quels étaient mes projets; car l'intervention du comte pouvait m'être utile, et je n'ignorais pas que les meilleurs complices sont ceux qui le sont de bonne foi et sans le savoir.

J'éprouvais donc un vif désir de connaître cette femme étrange, malgré, ou peut-être à cause de tout le mal qu'on en disait, et dont j'avais pu, dans une circonstance du moins, reconnaître la calomnieuse exagération; mais mon caractère défiant et orgueilleux voyait à ce désir un obstacle insurmontable.

Je le répète, le jour où j'avais pris le parti de madame de Pënâfiel contre M. de Pommerive à l'Opéra, au sujet d'Ismaël, elle pouvait m'avoir entendu; or, dans ce cas, je trouvais que ma prétention à lui être présenté eût été le comble du mauvais goût, ma discussion avec M. de Pommerive ne semblant plus alors que le prélude calculé de cette demande.

Mes scrupules étaient peut-être exagérés : mais je sentais ainsi, et j'étais absolument résolu de ne faire aucune démarche pour être admis chez madame de Pënâfiel. Seulement, je pensais que, si elle savait que je l'avais défendue, avec le tact d'une femme de bonne compagnie, elle pourrait apprécier ma réserve ; et que, devant me rencontrer très-souvent dans le monde, elle trouverait mille moyens convenables d'aller elle-même au devant de cette présentation, et qu'alors mon orgueil serait sauf.

Ce qui me donnait d'ailleurs la facilité de raisonner ainsi et d'*attendre les événements*, c'est qu'après tout ce désir de ma part n'était pas assez violent pour me préoccuper entièrement, et qu'une issue négative ne m'eût pas désespéré.

Je ne redoutais d'ailleurs que médiocrement (dans le cas où je serais devenu très-épris de madame de Pënâfiel) ce *danger* dont m'avait menacé M. de Cernay ; je ne la croyais pas *dangereuse* pour moi, parce que j'étais sûr de mon impassible et orgueilleuse dissimulation pour cacher mes blessures de vanité, si j'en éprouvais, et que j'étais sûr aussi de la sagacité de ma défiance pour démêler les faussetés ou le manége de madame de Pënâfiel, si elle voulait être fausse.

Seulement, j'avais pressenti que, dans le cas où je voudrais me ranger au nombre de ses *adorateurs*, si invisiblement nombreux, disait-on, il serait bien qu'au retour de son voyage de Bretagne je fusse, ou du moins je semblasse occupé d'un autre intérêt, afin de me trouver en mesure de paraître sacrifier quelque chose à madame de Pënâfiel, une femme étant beaucoup plus flattée d'un hommage, quand on peut y joindre et mettre à ses pieds l'oubli d'une affection déjà acquise. Alors, il y a non-seulement triomphe, mais avantage remporté par la comparaison.

Je résolus donc, avant le retour de madame de Pënâfiel, de m'occuper d'une femme qui fût *à la mode*, et qui de plus possédât un courtisan officiellement reconnu.

Je tenais à ces deux conditions, afin de rendre le bruit de mon intérêt supposé beaucoup plus rapide et plus retentissant. Le calcul était simple, en cela que, dès que le monde s'apercevrait de mes prétentions, il ne manquerait pas aussitôt, avec sa charité et sa véracité habituelles, de se charger de proclamer à toute voix la déchéance de l'ancien courtisan et mon exaltation récente.

Je me décidai donc à tâcher de faire agréer mes soins par une femme à la mode.

. . . .

. . . .

Ce qui m'attristait profondément, c'est qu'en faisant à froid ces calculs de mensonges et de tromperies basses et mesquines, j'en comprenais toute la pauvreté; je n'avais pas pour excuse l'entraînement des sens ou de la passion, pas même un vif désir de plaire à madame de Pënâfiel. C'était je ne sais quel vague espoir de distraction, quel besoin impérieux d'occuper mon esprit inquiet et toujours mécontent, de chercher enfin dans les hasards misérables de la vie du monde quelque accident imprévu qui me pût sortir de cette morne et douloureuse apathie qui m'écrasait.

Chose étrange encore, une fois dans le monde et à l'*œuvre,* je retrouvais pour ainsi dire ma jeunesse, ma gaieté, quelques heures de joie et de vanité contente; il me semblait alors, pour ainsi dire, que j'étais *double,* tant je m'étonnais de m'entendre parler ainsi follement... et puis, une fois seul avec mes réflexions, ma pensée recommençait d'être agitée par mille ennuis sans cause, mille incertitudes pénibles sur *moi*, sur *tous* et sur *tout*.

. . . .

CHAPITRE II.

L'ALBUM VERT.

A qui connaît le monde on peut dire, sans crainte de sembler glorieux, que, pour un homme convenablement placé, il n'est pas absolument impossible, s'il le veut fermement, d'être, ou du moins de paraître distingué par une femme à la mode.

Singulière existence d'ailleurs que la vie d'une femme à la mode, vie tout entière de charmant dévouement à la plus égoïste et la plus ingrate partie du genre humain ! — une fois qu'elle est à la mode, qu'il est bien reconnu qu'elle s'habille à ravir et toujours du meilleur goût, qu'elle a du charme ou de l'esprit, la pauvre femme ne s'appartient plus ; il faut qu'elle soit un des brillants fleurons de cette couronne vivante que Paris porte au front chaque soir !

Pas une fête à laquelle il lui soit permis de

manquer; triste ou gaie, il lui faut être là, toujours là, avoir toujours la robe la plus élégante, la coiffure la plus fraîche, la figure la plus épanouie; toujours être accessible, gracieuse, avenante; le premier sot venu a son droit rigoureusement établi à un accueil enchanteur... Car il y a lutte entre les femmes à la mode... lutte passive, mais acharnée, dont les fleurs, les rubans, les pierreries et les sourires sont les armes; lutte muette et pourtant terrible, remplie d'angoisses cruelles, de larmes dévorées, de désespoirs inconnus... lutte dont les blessures sont profondes et douloureuses, car l'amour-propre sacrifié laisse des plaies incurables.

Mais qu'importe! Si on veut un soir régner en souveraine sur cette élite de femmes choisies, ne faut-il pas se montrer plus gracieuse encore que celle-ci, plus coquette que celle-là, plus prévenante que toutes? Puis enfin, pour fixer la foule autour de soi, ne faut-il pas laisser voir quelques préférences, afin que chacun s'empresse... dans l'espérance de paraître à son tour préféré ?...

Mais il faut entendre le *préféré*, le dernier préféré, celui du jour, du soir, de la dernière valse, du dernier cotillon, le *prix* de cette lutte charmante et divine, dans laquelle les fleurs l'ont emporté sur les fleurs, les grâces sur les grâces ; vêtu, lui *préféré,* tout dédaigneusement d'un frac noir, il faut l'entendre, s'étalant à souper, raconter, la bouche pleine, à d'autres *préférés* qui le lui rendent bien, toutes les provocantes agaceries qu'on lui a faites, son embarras de jeter le mouchoir parmi tant de belles et inquiètes empressées, son joyeux mépris des rivalités qu'il cause. Aussi, en entendant ces mystérieuses et surtout *véridiques* confidences, c'est à se demander quelquefois de qui on parle et où on se trouve, et à se remettre à admirer avec plus de ferveur que jamais la sublime abnégation des femmes qui se vouent corps et âme à la *mode;* à cette brutale et cruelle divinité dont les hommes sont les prêtres, et qui paye en indifférence ou en dédain toutes ces belles et fraîches années, sitôt flétries et à jamais perdues à la servir.

Mais, comme je voulais néanmoins paraître aussi profiter de l'abnégation d'une de ces charmantes *victimes,* — parmi toutes les beautés qui rayonnaient alors, je m'attachai à une très-jolie femme, blonde, fraîche et rose, trop rose peut-être, mais qui avait de beaux grands yeux noirs, doux et brillants à la fois, des lèvres bien purpurines et de ravissantes dents blanches, véritables petites perles enchâssées dans du corail... qu'elle montrait toujours, et elle avait bien raison.

Seulement, ce qu'elle aurait dû cacher, c'était son adorateur, magnifique jeune homme on ne peut pas plus belâtre, et qu'aussi malheureusement pour lui (et pour elle, la pauvre femme ! car cela prouvait contre son bon goût), on appelait le *beau* Sainville. Cette épithète de *beau* est déjà un effroyable ridicule, et si malheureusement on semble prendre ce sobriquet pour soi et y répondre en le justifiant par des prétentions sérieuses, on est à tout jamais perdu.

Certes, si j'avais eu plus de choix et plus de loisir, je ne me serais pas résigné à une apparence de lutte aussi peu flatteuse; mais les facilités et les convenances s'y trouvaient, le temps me pressait, et je fus obligé de paraître disputer un cœur au *beau* Sainville !

Ainsi que je l'avais prévu, ce dernier était très-sot; et lorsqu'il me vit présenté à la femme dont il s'affichait l'intérêt, M. de Sainville manifesta presque aussitôt toutes sortes de jalousies des plus sauvages. Voulant prouver ce qu'il appelait sans doute ses droits, il se mit à user envers cette pauvre jeune femme des façons les plus dures et les plus compromettantes, ce dont

j'étais navré ; car elle ne désirait pas et je n'aurais pu d'ailleurs lui offrir une compensation.
— Mais n'y tenant plus, et justement froissée des manières brutales de cet étrange adorateur, elle me fit, pour se venger, quelques coquetteries des plus innocentes. Bientôt M. de Sainville me servit au delà de mes souhaits ; car, après deux ou trois scènes variées qui passèrent de la dignité blessée à l'ironie froide, et enfin à l'insouciance cavalière, il alla faire la cour de toutes ses forces à une autre pauvre jeune femme qui ne s'attendait à rien.

Enfin, quoique ce fût à peu près faux, j'eus bientôt aux yeux du monde la gloire d'avoir été préféré au beau Sainville, ce fut la peine bien méritée de ma duplicité : je la subis :

Quant aux preuves que le monde donnait à l'appui de mon bonheur, elles étaient d'ailleurs de la dernière évidence, ainsi que celles qu'il donne toujours. D'abord j'avais un jour demandé les gens de cette jolie femme, parce qu'elle n'avait eu personne pour les faire appeler ; une autre fois elle m'avait donné une place dans sa loge à un petit spectacle, puis je lui avais offert assidûment mon bras pour faire quelques tours de salon dans un raout où se trouvait tout Paris ; enfin, dernière et flagrante preuve!... un soir qu'elle était restée chez elle au lieu d'aller à un concert, on avait vu très-tard ma voiture à sa porte.

En présence de faits aussi convaincants, aussi positifs, il fut donc bien et dûment établi que j'étais le plus fortuné des mortels.

Au milieu de ce *bonheur,* j'appris par M. de Cernay le retour de madame de Pënâfiel. Pour gagner son pari, le comte, à son insu, me servit à merveille, soit que madame de Pënâfiel m'eût entendu la défendre, soit qu'elle ne m'eût pas entendu.

Ainsi, dès qu'elle fut arrivée à Paris, chaque fois qu'il la vit, M. de Cernay s'exclama sur cette singularité de ma part, de n'avoir pas cherché à me faire présenter chez elle; chose d'autant plus étrange, ajoutait M. de Cernay, que je voyais absolument le même monde qu'elle, que je l'y rencontrais presque chaque soir, et que je le savais, lui, le comte, assez des amis de madame de Pënâfiel pour le prier de me procurer un honneur dont tous se montraient si jaloux. Mais, reprenait M. de Cernay, il fallait dire aussi que j'étais fort sérieusement occupé d'une jeune femme charmante, et que sans doute on m'avait fait bien promettre de ne jamais approcher de l'hôtel de Pënâfiel, sorte de palais d'Alcine dont on ne pouvait sortir qu'enchanté, qu'éperdument épris.

Enfin, M. de Cernay accumula tant de folies et de mensonges, et surtout revint si incessamment sur ce sujet, que par impatience, ou pour des raisons que je ne pus pénétrer, madame de Pënâfiel finit par sembler sinon piquée, du moins presque choquée de mon insouciance apparente à lui être présenté. Dans sa fierté si habituellement flattée, elle en vint sans doute à considérer cette indifférence de ma part comme un manque d'usage et d'égards. Un jour enfin que M. de Cernay se récriait de nouveau sur ma bizarrerie, elle lui dit très-impérieusement et avec une inconcevable naïveté de hauteur : « Que tout en sachant qu'il était difficile d'être admis chez elle, c'eût toujours été une preuve de déférence respectueuse, et digne d'un homme bien né qui voyait le même monde qu'elle, de témoigner au moins le désir d'être présenté à l'hôtel de Pënâfiel. »

Je demeurai sourd à ces insinuations qui ravissaient le comte; et madame de Pënâfiel, ainsi que toute femme habituée à voir chacun aller au-devant de ses moindres caprices, finit par s'impatienter tellement de ma réserve, qu'un jour, au milieu d'un grand cercle où je causais avec une femme de ses amies, elle vint prendre part à la conversation, et fit ce qu'il fallait, du moins je le crus, pour la généraliser : je ne dis pas un mot à madame de Pënâfiel, et, dès que je pus convenablement sortir de l'entretien, je saluai profondément et me retirai.

Quelques jours après elle se plaignit au comte, en plaisantant à ce sujet, de mon manque de savoir-vivre. Il répondit qu'au contraire j'étais extrêmement formaliste, et que je ne trouvais sans doute ni poli, ni convenable d'adresser la parole à une femme à laquelle on n'avait pas eu l'honneur d'être présenté.

Madame de Pënâfiel lui tourna le dos, et de quinze jours je n'en entendis plus parler.

Bien que ma curiosité fût extrême, je ne voulais, pour les causes que j'ai dites, m'avancer davantage. Je m'en tins donc à mon rôle, et je continuai de laisser croire au comte que je trouvais un grand charme dans l'affection que je possédais, et que, par faiblesse ou par attachement, j'avais promis de ne faire aucune démarche pour être présenté à une femme aussi séduisante et aussi dangereuse que madame de Pënâfiel, démarche qui d'ailleurs pouvait être couronnée d'un refus, que mon tardif empressement expliquerait du reste.

Environ quinze jours après ce dernier entretien avec M. de Cernay, don Luiz de Cabréra, le vieux parent de madame de Pënâfiel, que j'avais souvent rencontré chez le comte et dans le monde, et qui peu à peu s'était lié avec moi, m'écrivit pour m'avertir qu'une fort belle collection de pierres gravées qu'il faisait venir de Naples, et dont il m'avait parlé, lui était arrivée, et que, si je voulais venir déjeuner avec lui un matin, nous pourrions examiner ces antiquités tout à notre aise.

Le chevalier don Luiz de Cabréra, ainsi que je l'ai dit, demeurait à l'hôtel de Pënâfiel : je ne sais pourquoi il me sembla voir dans cette circonstance, fort simple et fort naturelle d'ailleurs, une intention à laquelle madame de Pënâfiel n'était peut-être pas étrangère.

J'allai donc chez le chevalier. Don Luiz habitait un entresol de l'hôtel, où des occupations scientifiques le retenaient presque toujours, et il n'en sortait que pour accompagner quelquefois sa parente dans le monde, lorsqu'elle le lui demandait.

Le chevalier de Cabréra me parut un vieillard fin, secret, sensuel, qui, ne possédant qu'une fortune médiocre, trouvait bon et convenable d'acheter toutes les licences du luxe et de la vie matérielle la plus raffinée par une sorte de chaperonnage, assez peu gênant d'ailleurs, auquel il s'était voué en demeurant chez madame de Pënâfiel.

Il est inutile de dire que cet immense hôtel était au monde ce qu'on peut imaginer de plus somptueux et de plus élégant.

Le chevalier était très-grand connaisseur en toutes sortes de curiosités dont son appartement était rempli. Il me montra sa collection de pierres gravées, qui, en effet, était fort remarquable, et nous causâmes tableaux et antiquités.

Il était environ une heure, lorsqu'on frappa légèrement à la porte, et un valet de chambre de madame de Pënâfiel vint de la part de sa maîtresse demander au vieux chevalier l'*album vert*.

Don Luiz ouvrit des yeux énormes, et dit qu'il n'avait pas l'*album vert;* qu'il l'avait rendu depuis un mois à madame la marquise. Le domestique sortit, et nous reprîmes notre entretien.

Bientôt on heurta de nouveau; le valet de chambre vint répéter que madame la marquise demandait son *album vert*, celui qui était garni d'émaux, et qu'elle assurait monsieur le chevalier qu'il ne le lui avait pas rendu.

Don Luiz, n'y comprenant rien, se donnait au diable ; il prit une plume, me demanda pardon, écrivit un mot pour sa cousine et le donna au laquais.

Nous nous remîmes à causer.

Mais de nouveau nous fûmes distraits de notre entretien par une troisième interruption, causée cette fois par le valet de chambre de don Luiz, qui ouvrit la porte en annonçant : Madame la marquise !

Madame de Pënafiel semblait habillée pour sortir : — nous nous levâmes ; je saluai profondément.

« En vérité, mon cher cousin, — dit-elle au vieux chevalier, en répondant d'un air très-poli mais très-froid à mon salut ; — en vérité, il faut que je tienne autant à cet album pour avoir le courage de braver votre antre d'alchimiste ; mais je suis sûre que vous devez avoir ces dessins ; je sors, j'ai promis à madame de *** de les lui porter ce matin, et je désire remplir cet engagement. »

Nouvelles protestations de don Luiz, qui assura avoir rendu l'album : nouvelles recherches qui n'amenèrent rien, sinon que le chevalier ne put s'empêcher de me présenter à madame de Penâfiel.

Il me fut non moins impossible de ne pas lui dire qu'il y avait bien longtemps que je désirais cet honneur, ce à quoi elle me répondit d'un très-grand air par cette banalité, — qu'elle recevait les samedis, mais qu'elle restait aussi chez elle tous les mercredis en *prima-sera*, et que je voulusse bien ne pas l'oublier.

— A quoi je répondis par un nouveau salut, et cette autre banalité, que cette invitation m'était une trop précieuse faveur pour ne pas m'en souvenir.

Puis le chevalier lui offrit son bras jusqu'à sa voiture, qui l'attendait sous le péristyle, et elle partit.

Je n'ai jamais su si le chevalier était complice involontaire de cette présentation ainsi brusquée.

Je l'ai dit, le samedi était le grand jour de réception à l'hôtel de Penâfiel : mais les mercredis étaient ce que la marquise appelait ses jours de prima-sera ; ces soirs-là elle recevait jusqu'à dix ou onze heures un assez petit nombre de personnes qui venaient la voir, avant d'aller dans le monde.

Le surlendemain était un de ces mercredis ;

j'attendis, je l'avoue, ce jour avec assez d'impatience.

J'oubliais de dire que j'envoyai ce jour-là à M. de Cernay les deux cents louis de notre pari qu'il avait ainsi gagné.

CHAPITRE III.

PRIMA-SERA.

Avant de me rendre à l'hôtel de Pënâfiel, je comparais l'impression que j'éprouvais, impression chagrine, défiante, à l'abandon insouciant et au doux entraînement de la vie d'autrefois auprès d'Hélène, sûr que j'étais, en entrant dans le vieux salon de Serval, d'être toujours accueilli par un sourire bienveillant de tous.

Sans redouter cette entrevue avec madame de Pënâfiel, je savais que, par une bizarre et pourtant fréquente contradiction des jugements du monde, bien qu'elle fût généralement dénigrée, calomniée, son salon était néanmoins fort considéré; il avait de plus une très-grande puissance, en cela que, fausse ou vraie, il imposait tout d'abord à chacun la valeur au taux de laquelle il était désormais irrévocablement reçu et compté dans le monde.

Le nombre déjà restreint de ces sortes de maisons, si souverainement influentes qu'elles décidaient seules et sans appel de la place de chacun dans la très-bonne compagnie, diminue de jour en jour.

Cela se conçoit; il n'y a plus guère d'hommes sur qui exercer cette omnipotence ; la vie des clubs et des chambres représentatives, ces autres grands clubs politiques, a tout envahi. Entre le discours d'aujourd'hui ou celui de demain, entre une partie de whist ou une revanche de deux ou trois mille louis, parmi tous les calculs anxieux et absorbants d'un pari de course, dans laquelle on a engagé un cheval pour une somme énorme, il reste bien peu de temps pour cette causerie douce, intime, fleurie, élégante, qui d'ailleurs n'a *pas d'écho dans le pays!* comme disent les monomanes de la tribune, et ne vous fait ni perdre ni gagner d'argent au whist ou sur le turf [1].

Et puis cette existence du monde est gê-

---

[1] Terrain de course, — dans cette acception, — endroit où s'engagent les paris.

nante; il faut faire une toilette de soirée pour aller étouffer dans un raout et se gêler ensuite en attendant sa voiture, tandis qu'il est si commode et si agréable de s'étendre dans les moelleux fauteuils d'un club, d'y faire une paisible sieste après son dîner, afin de se réveiller frais et dispos pour commencer quelque whist *nerveux*, sans autre distraction que la fumée de son cigare.

Mais au temps dont je parle, il y avait encore quelques maisons *bien causantes*, et l'hôtel de Pënâfiel était de ce petit nombre d'excentricités.

Madame de Pënâfiel, parmi tous ses travers, avait celui, non du blue-stocking [1], mais, ce qui est bien pis, celui de l'érudition, parlant d'ailleurs à merveille deux ou trois langues : ce qu'elle possédait des sciences les plus ardues était, disait-on, incroyable. Si ces renseignements m'eussent seulement été donnés par des savants de la force de M. de Cernay, je me serais permis de douter de toute leur exactitude ; mais le souvenir d'une circonstance bizarre vint me prouver cette singulière capacité de madame de Pënâfiel.

---

[1] Bas-bleu, — prétentions littéraires.

Ayant été assez heureux pour rencontrer à Londres le célèbre Arthnr Young, il m'avait parlé avec le plus grand enthousiasme du savoir extraordinaire d'une de mes compatriotes, très-jeune femme du plus grand monde et de la plus jolie figure, qui, me dit-il, « lui avait
» fait les éloges les mieux instruits et les plus
» savamment circonstanciés, sur *sa fameuse*
» *théorie optique des interférences,* mais l'avait
» vivement attaqué sur la valeur *syllabique ou*
» *dissyllabique* qu'il prétendait appliquer aux
» *hiéroglyphes,* au contraire du système de
» Champollion. »

Ce fait m'avait paru si singulier, et il acquérait une si grande autorité par l'admiration du savant remarquable qui me le racontait, que j'en avais pris note sur mon journal de voyage. Ce ne fut qu'à Paris, quelque temps après avoir vu et entendu nommer madame de Pënâfiel, que, me rappelant confusément l'anecdote d'Arthur Young, je feuilletai mon memento, et que j'y trouvai en effet ces détails et le nom de la marquise.

Encore une fois, tout ce que je savais de madame de Pënâfiel : ses bizarreries impérieuses, sa coquetterie si artistement et si continûment étudiée, disait-on, que de chacune de ses poses elle savait toujours faire le plus charmant tableau en se posant sans cesse « *en délicieux portrait ;* » son humeur fantasque, ses connaissances scientifiques, prétentions toujours malséantes pour la femme qui les affiche ; tout cela était loin de m'imposer.

Les femmes dont on parle beaucoup et très-différemment ont rarement ce pouvoir ; elles recherchent trop les spectateurs pour ne les pas craindre ; une femme sérieuse, digne et calme, dont on ne *dit* et dont on ne *sait* rien, impose bien davantage.

Et puis, d'ailleurs, un homme d'un caractère froid et réservé, s'il ne peut prétendre à de grands succès, sera toujours sûr d'être parfaitement au niveau de tout et de tous, les gens extrèmement agréables ou extrèmement ridicules étant les seuls qui se produisent absolument en dehors.

Je le répète, ce fut donc sans *inquiétude*, mais avec un sentiment prononcé de curiosité presque malveillante, que je me rendis à l'hôtel de Pënâfiel, un mercredi, en sortant de l'Opéra.

La tenue ordinaire de cette maison était véritablement princière. Dans le vestibule fort élevé, orné de statues et d'immenses bassins de marbre remplis de fleurs, était une nombreuse livrée poudrée et vêtue d'habits bleus, partout galonnés d'argent et à collets orange.

Dans une vaste antichambre, ornée de très-beaux tableaux et de magnifiques vases de Faënza, aussi pleins de fleurs, était une autre livrée, mais orange, à collet bleu, et garnie sur toutes les tailles de passements de soie, brodée aux armes de Pënâfiel. Enfin, dans un salon d'attente se tenaient les valets de chambre, qui, au lieu d'être tristement vêtus de noir, portaient des habits français de velours épinglé couleur d'azur et doublés de soie orange avec de larges boutons armoriés en émail.

Quand on m'annonça, il y avait chez madame de Pënâfiel cinq ou six femmes et deux ou trois hommes en prima-sera.

Madame de Pënâfiel était vêtue de noir à propos de je ne sais plus quel deuil de cour; ses beaux cheveux bruns étaient mêlés de jais; elle me sembla charmante et d'un éclat éblouissant. Je m'abusai sans doute, mais il me parut (ce qui peut-être me la fit trouver si jolie), il me parut que, tout en m'accueillant avec une politesse froide et cérémonieuse, elle avait imperceptiblement rougi sous son rouge.

Après quelques mots que je lui adressai, la conversation, que mon arrivée avait interrompue, recommença.

Il s'agissait d'une aventure passablement scandaleuse, où l'honneur d'une femme et la vie de deux hommes étaient en jeu, le tout d'ailleurs exprimé dans les meilleurs termes, et avec une réserve de détails si diaphane et une réticence de particularités si transparente que les noms propres eussent été moins significatifs.

Ainsi que cela arrive presque toujours, par un de ces à-propos que le destin se réserve, au moment où chacun disait son mot, sa remarque ou sa médisance sur cette aventure, l'on annonça le mari et la femme desquels il s'agissait.

Cette entrée si conjugale, excusée et expliquée d'ailleurs par un récent retour à Paris, qui exigeait cette première visite faite de la sorte, n'étonna que médiocrement.

Pourtant, quoique les personnes qui remplissaient ce salon fussent habituées à ces sortes d'*impromptu*, il régna néanmoins une seconde de profond silence assez embarrassé et non moins embarrassant; aussitôt madame de Pënàfiel, avec la plus naturelle et la plus parfaite aisance, afin de faire croire sans doute à une conversation commencée, et, s'adressant à moi, ce qui me sembla fort étrange, me dit :

« Vous croyez donc, monsieur, que la partition de ce nouveau maëstro annonce beaucoup d'avenir?

— Un talent plein de charme et de mélancolie, madame, — repris-je sans me déconcerter. — Non pas peut-être d'une très-grande vigueur, mais sa musique est empreinte d'une suavité, d'une grâce inexprimables.

— Et quel est ce nouvel astre musical? — demanda avec une nuance de prétention à madame de Pënâfiel la jeune femme qui venait d'entrer, et dont on venait de parler si légèrement.

— M. Bellini, madame... — lui répondis-je en m'inclinant, afin d'éviter cette réponse à madame de Pënâfiel.

— Et le titre de l'opéra, madame la marquise? — demanda le mari de l'air du plus grand intérêt, et sans doute pour ne pas laisser épuiser si vite un tel sujet de conversation, chose en vérité assez rare.

— J'avais oublié de vous dire, madame, que le titre de ce nouvel opéra est *la Norma*, — me hâtai-je de répondre en m'adressant à madame de Pënâfiel ; le sujet est, je crois, l'amour d'une prêtresse des Gaules. »

Madame de Pënâfiel, saisissant aussitôt ce thème, le broda à ravir, et, après avoir démontré toutes les ressources d'un sujet si dramatique, elle saisit immédiatement l'occasion de faire de l'érudition sur la religion des druides, sur les pierres celtiques ; puis je pressentis qu'elle allait sans doute bientôt arriver par une transition très-naturelle à la discussion sur la valeur *syllabique des hiéroglyphes*, renouvelée d'Arthur Young.

M'étant, par hasard, assez occupé de ces études, parce que mon père, grand ami du célèbre orientaliste M. de Guignes, avait, dans sa retraite, longtemps médité ces problèmes alphabétiques, j'aurais pu faire singulièrement briller madame de Pënâfiel, et sans doute à mes dépens ; mais sa prétention me choqua, et je répondis bientôt à une attaque hiéroglyphique cette fois des plus directes par l'aveu le plus net de ma profonde ignorance dans ces matières, dont la seule aridité m'épouvantait.

Cet aveu d'ignorance me parut soulager d'un poids énorme les autres hommes, car ils eussent rougi de rester en dehors d'une telle conversation, qui prouve toujours des connaissances au delà d'une éducation ordinaire.

Je ne sais si madame de Pënâfiel fut piquée de ma réserve qui venait de lui faire perdre une si belle occasion de montrer son savoir, ou si elle crut mon ignorance affectée ; mais elle ne put dissimuler un mouvement de dépit ; pourtant, avec un art et un tact infinis, elle revint aux druides, et, passant des inscriptions celtiques au costume si pittoresque des prêtresses des Gaules, à leur robe traînante, au charmant effet que devait produire une coiffure de branches de houx dans les cheveux noirs ou blonds, elle fit très-naturellement descendre la conversation des hauteurs scientifiques où elle l'avait d'abord montée jusqu'aux vulgarités de la toilette du jour, et l'entretien se généralisa.

J'avoue que ces différentes transitions furent ménagées très-habilement par madame de Pënâfiel, et que toute autre qu'une femme d'un esprit fait, abondant, adroit et rompu au monde y eût échoué.

J'étais loin d'être étonné, car je ne m'attendais pas à trouver chez elle de la candeur et de l'inexpérience ; aussi, déjà las de ce creux bavardage, et sentant bien que ce ne serait ni là ni à cette heure que je pourrais observer à mon aise ce caractère qu'on disait singulier, je me levai pour sortir inaperçu à la faveur d'une visite qui entrait, lorsque madame de Pënâfiel, près de qui j'étais, me dit, au moment où l'on apportait l'urne et les plateaux dans un autre petit salon : « Monsieur, ne prendrez-vous pas une tasse de thé ? » Je m'inclinai et je restai.

Il y avait ce soir-là un grand bal chez un de ces étranges complaisants qui, sous la condition expresse qu'on voudra bien leur permettre de rester dans leurs salons pour regarder les fêtes qu'ils donnent, prêtent à la bonne compagnie, qui accepte fort cavalièrement leur hôtel, leurs gens et leur souper.

Presque toutes les visites de prima-sera de madame de Pënâfiel s'y rendaient; j'étais assez incertain de savoir si j'irais aussi lorsque le plus heureux hasard voulut qu'on annonçât lord Falmouth.

Je ne l'avais pas revu depuis son départ si brusque pour aller parler à la Chambre des lords sur une question de l'Inde qui lui semblait piquante. Il y avait une si grande différence entre son esprit original et celui de la plupart des gens que je voyais habituellement, que je me décidai à rester plus longtemps que je n'avais d'abord voulu à l'hôtel de Pënâfiel.

Après le thé, nous nous trouvâmes donc seuls, madame de Pënâfiel, lord Falmouth et moi ; j'oubliais, inaperçu derrière le fauteuil de la marquise, dans un coin écarté du salon, un jeune étranger de distinction, le baron de Stroll, qui semblait très-timide, et, par contenance, feuilletait depuis une demi-heure le même album : le jeune baron était très-rouge, avait les yeux fixes et serrait convulsivement son chapeau entre ses genoux ; lord Falmouth me le montrant, me dit tout bas, de son air gravement moqueur, ces mots si connus du visir Maréco au sultan Schaabaam, qui regarde des poissons rouges : « *Soyez tranquille, il en a là au moins pour une bonne heure.* »

Madame de Pënâfiel n'avait pas aperçu cet étranger, je le répète, placé derrière le trèshaut dossier de son fauteuil, près d'une table couverte d'albums : car elle faisait trop bien les honneurs de chez elle pour l'avoir ainsi laissé esseulé.

Madame de Pënâfiel commença par adresser de très-gracieux reproches à lord Falmouth sur ce qu'elle le rencontrait si peu. A quoi il répondit modestement qu'il était par malheur si outrageusement bête et d'une niaiserie si terriblement communicative, que, sur cent personnes avec lesquelles il voulait causer, une ou deux avaient à peine l'esprit assez robuste pour résister à la contagion de sa bêtise, et ne pas devenir aussi stupides que lui au bout d'un quart d'heure d'entretien ; funeste influence, dont il se désespérait avec l'humilité la plus comique, se reprochant d'avoir ainsi fait un nombre infini de victimes, dont il citait les noms, comme preuves vivantes de la fatalité de son destin.

« Ah! madame la marquise! — disait-il en secouant la tête d'un air désolé, — j'ai fait, comme vous voyez, bien du mal par ma bêtise !

— Sans doute, et vous êtes surtout très-blâmable de n'avoir fait le mal qu'à demi, puisque vos victimes ressuscitent en ennuyeux de toutes sortes, — dit madame de Pënâfiel ; — et malheureusement l'espèce en est aussi variée qu'abondante et fâcheuse. C'est qu'en vérité je ne sais rien de plus physiquement douloureux que la présence d'un ennuyeux, — reprit-elle ; — il y a dans la détestable influence qu'il vous fait subir malgré vous quelque chose de pénible... de doublement attristant, comme serait le remords... d'une méchante action qu'on n'aurait pas faite.

— Moi, — dit lord Falmouth, — je vous demande grâce pour l'épouvantable sottise de ma triviale comparaison; mais on n'est pas maître de ses impressions. Eh bien! quand il m'arrive de subir un ennuyeux, j'éprouve absolument la même sensation que si j'entendais scier un bouchon; oui, c'est une espèce de grincement sourd, ébréché, inarticulé, monotone, qui me fait parfaitement comprendre la férocité de Tibère et de Néron... Ces tyrans-là avaient surtout dû être extrêmement ennuyés par leurs courtisans.

— Moi, j'avoue mon faible, — dis-je : — j'aime beaucoup... les ennuyeux. Oui, quand vous causez avec une personne spirituelle, ce n'est jamais sans regret que vous voyez arriver la fin de l'entretien... tandis que dans une conversation avec un ennuyeux... oh! il y a un moment rare, unique, précieux, qui vous paye bien au delà de ce qu'il a pu vous faire souffrir. C'est le moment... où la Providence vous l'ôte!...

— Le fait est, — dit lord Falmouth, — que, considéré comme discipline ou mortification, on en peut tirer parti... Mais n'importe, si on pouvait tous les anéantir d'un mot! d'un seul mot... auriez-vous la philanthropie de le dire, madame la marquise?

— Les anéantir? — dit madame de Pënâfiel ; — les anéantir tout à fait? physiquement?

— Certes, pour les anéantir spirituellement... il n'y faudrait pas songer... Je parle de les anéantir bel et bien, en chair, en os et en cravate, — dit lord Falmouth.

— Le fait est qu'ils ne sont guère que cela!... mais... le moyen serait violent... D'un autre côté, si, en disant un seul mot... C'est bien tentant ! — reprit la marquise.

— Un seul mot, — lui dis-je ; — en prononçant, je suppose, votre nom, madame, comme on se sert d'un nom béni pour chasser le diable.

— Mais ce serait un épouvantable massacre, — dit-elle.

— Eh bien, madame, est-ce qu'il n'est pas reconnu, avéré, que l'ennui est de son côté *massacrant!* — dit lord Falmouth. — Ainsi pas de scrupule ; et après, vous verrez comme vous respirerez à votre aise ; comme vous sentirez l'atmosphère raréfiée, dégagée de ses miasmes pesants qui provoquent des bâillements si douloureux ; comme vous irez partout librement et sans crainte.

— Allons, je crois que *je dirais plus d'en-*

nuyeux! — reprit la marquise; — car, en vérité, c'est une inquiétude perpétuelle; il faut toujours être à regarder où l'on met sa conversation, et c'est une préoccupation intolérable. Mais vous me faites songer avec ces folies à un très-singulier conte que j'ai lu dernièrement dans un vieux livre allemand, et qui pourrait servir de pierre de touche ou de thermomètre à l'égoïsme humain, si chacun voulait répondre avec franchise à la question posée dans ce conte. Il s'agit tout uniment d'un pauvre étudiant de Leipsick, qui, en désespoir de cause, invoque le mauvais esprit; il lui apparaît, et voici le singulier marché qu'il lui propose : « — *Chaque vœu* que tu feras sera satis-
» fait, mais à cette condition, c'est que tu pro-
» nonceras tout haut ce mot : *Sathaniel ;* et à
» chaque fois que tu prononceras ce mot, un
» de tes semblables, *un homme enfin, mourra*
» *dans un pays lointain ; tu n'assisteras ni à*
» *son agonie ni à sa mort, et personne au monde*
» *que toi ne saura que la réalisation d'un de tes*
» *désirs a coûté la vie à un de tes pareils.* —
» Et je pourrai choisir le pays, la nation de ma
» victime? — dit l'étudiant. — Certes. — Tou-
» chez là, maître, marché fait, dit-il au dé-
» mon. » — Or, ce fut aux dépens des Turcs,

qui faisaient alors le siége de Bellegrade, que l'étudiant satisfit tous ses vœux, qui ne dépensèrent pas plus de cinquante à soixante mille Turcs. — Le conte est vulgaire, — reprit la marquise ; — mais je voudrais savoir si beaucoup d'humains, sûrs du secret, résisteraient à la tentation de prononcer le mot fatal, s'il s'agissait de réaliser ainsi un vœu bien ardemment désiré ?

— C'est tout bonnement ce qu'on appelle, je crois, un homicide véniel, — dit lord Falmouth ; — et quant à moi, — reprit-il, — si le désir en valait la peine, c'est-à-dire s'il s'agissait de l'impossible... par exemple, d'avoir le bonheur d'être distingué par vous, madame la marquise, certes je ne regarderais pas à l'existence de quelque obscur habitant... du Groënland, par exemple, d'un Lapon, parce que c'est plus petit, et que le péché serait sans doute moins grand... »

La marquise sourit en haussant les épaules, et me dit : « Et vous, monsieur, pensez-vous que le plus grand nombre hésiterait longtemps entre son désir et le mot fatal ?

— Je crois qu'il y aurait si peu d'hésitation, madame, et même de la part de gens les plus *honorables,* comme on dit, que si dans notre âge d'or le malin esprit proposait un tel marché, dans huit jours le monde deviendrait une solitude, et peut-être que vous-même, madame, vous, lord Falmouth et moi, nous serions immolés bientôt à un caprice d'un de nos amis intimes, qui, au lieu de se donner la peine d'aller penser jusqu'au Groënland, nous ferait la grâce de nous traiter en voisin.

— Mais, j'y songe, — dit lord Falmouth; — supposez qu'en effet les caprices et les désirs de l'humanité, à force de se satisfaire ainsi aux dépens d'elle-même, l'aient réduite de telle sorte qu'il ne reste plus que deux personnes sur un coin de terre : un homme qui aimerait passionnément une femme qui le détesterait? et que Satan, suivant son système, lui dise : « — *Mon marché est toujours le même : prononce le nom redouté, elle t'aimera, mais aussi elle mourra, et tu répondras de sa mort;* » — l'homme devrait-il dire le mot fatal s'il est amoureux?

— Prononcer le nom serait prouver qu'on aime bien éperdument, — dis-je à lord Falmouth.

— Oui, si l'on est croyant catholique, — reprit madame de Pénâfiel, — parce que l'amour serait alors acheté au prix des peines éternelles; sans cela, c'est de l'égoïsme féroce.

— Mais, madame, permettez-moi de vous faire observer que, puisqu'il s'agirait de Satan, il est évident que tout se passerait entre catholiques.

— Monsieur a raison, — reprit lord Falmouth, — et sa réflexion me rappelle l'exclamation d'espoir et de bonheur de ce malheureux naufragé qui, échappé de la noyade, s'écrie en voyant une potence dressée sur la terre où il aborde : « *Dieu soit loué! je suis au moins* » *dans un pays civilisé!* » Mais, — ajouta lord Falmouth, — sérieusement, n'est-ce pas à se désespérer, quand on songe qu'il y a de nos jours des gens assez heureusement, assez magnifiquement doués pour passer encore trois ou quatre heures tous les matins à chercher à voir le diable!... à faire des évocations et des invocations!... J'ai dernièrement trouvé un de ces bienheureux-là, rue de la Barillerie... il est, je vous assure, pénétré de la conviction la plus profonde qu'il réussira un jour, et j'avoue que je lui ai envié de toute ma force cette occupation-là, d'autant plus qu'elle ne s'use pas. Or, un désir qui, soutenu par l'espoir, dure toute la vie, sans être jamais satisfait, me paraît singulièrement approcher du bonheur.

— Mais votre grand poète, — dis-je à lord Falmouth, — Byron, n'a-t-il pas eu quelque temps, dit-on, l'enfantillage de s'occuper de ces folies?

— Byron!! Ah! ne parlez pas de cet homme, — s'écria la marquise avec une expression d'amertume et presque de haine.

— Ah! prenez garde, — me dit lord Falmouth en souriant. — Sans y songer, vous venez, monsieur, d'évoquer vous-même une diabolique figure, que madame la marquise va conjurer de toute la force de ses exorcismes, car elle le déteste. »

Je fus fort étonné, car j'étais loin de m'attendre à trouver madame de Pënâfiel anti-byronienne. Tout ce qu'on racontait de son esprit fantasque et hardi me semblait au contraire fort en harmonie avec ce génie dédaigneux et paradoxal. Je restai donc très-attentif au reste de la conversation de madame de Pënâfiel, qui reprit avec un sourire amer :

« Byron! Byron! si cruel et si désespérant! cœur méchant et dur! Quand on songe pourtant que, par une inexplicable fatalité, tout esprit jeune et riche d'un trésor d'illusions inestimables s'en va justement les prodiguer à ce démon méprisant et insatiable! c'est à croire en vérité à la loi des contraires.

— Mais rien n'est plus évident que l'attraction des contraires, — dit lord Falmouth. — Je vous le demande, le charmant papillon, par exemple, manque-t-il jamais, l'intelligent petit être aérien qu'il est, dès qu'il voit quelque part une flamme bien vive et bien rôtissante, d'accourir tout de suite avec toutes ses grâces de fils de Zéphire et d'Aurore, afin de s'y faire délicieusement griller?

— Aussi, — reprit madame de Pënâfiel avec une sorte d'exaltation qui la rendit très-belle, — je ne puis penser sans amertume à tant d'âmes nobles et confiantes, à jamais désespérées par le génie malfaisant de Byron! Oh! qu'il s'est bien peint dans *Manfred!* Tenez : le château de Manfred, si sombre et si désolé, c'est en vérité sa poésie! c'est son terrible esprit!! Sans défiance vous entrez dans ce château, dont l'aspect sauvage et élevé vous a frappé; mais une fois entré, une fois sous le charme de son hôte impitoyable, les regrets sont vains, il vous dépouille sans merci de vos croyances les plus pures, les plus chéries; et puis, quand la dernière vous est arrachée, quand la dernière étincelle de foi est éteinte en vous, le grand seigneur vous chasse avec un sourire insultant ; et, si vous lui demandez ce qu'il vous donne au moins en échange de ces richesses de votre âme, ainsi à jamais perdues et profanées...

— Eh bien, madame ! — dis-je en me permettant d'interrompre la marquise, — le seigneur Manfred, répond : « Je vous ai donné le doute... » le doute !... la sagesse des sages. » — Mais, — ajoutai-je, curieux de voir si madame de Pēnāfiel partageait mes adorations comme mes antipathies, — si vous maudissez si fort Byron, madame, sa noble patrie ne vous offre-t-elle pas, si cela se peut dire, un antidote à ce poison si dangereux, Walter Scott ?...

— Oh ! — dit-elle en joignant les mains avec une grâce vraiment charmante et presque naïve, — que je suis heureuse, monsieur, de vous entendre parler ainsi !... N'est-ce pas que le grand, le bon, le divin, l'adorable Scott est bien le contre-poison de Byron ? Aussi lorsque, l'âme toute meurtrie, vous fuyez avec désespoir le terrible château de Manfred, avec quelle reconnaissance vous vous trouvez dans la demeure riante et paisible de Scott, de ce vieillard si doux, si grave et si serein ! Comme il vous accueille avec tendresse ! comme sa pitié est touchante! comme il vous apaise, comme il vous console! comme il montre le monde sous un jour pur et radieux en exaltant tout ce qu'il y a de noble, de bon, de généreux dans le cœur humain! comme il vous élève enfin autant à vos propres yeux que Byron vous a dégradé! s'il ne vous rend pas vos illusions à jamais perdues, chose, hélas! impossible; du moins, n'est-ce pas, qu'il berce et endort souvent votre douleur incurable à ces récits bienfaisants?... Eh bien! dites... dites, monsieur, n'est-ce pas là une grande, une magnifique gloire, que la gloire de Walter Scott? Quel est l'homme le plus véritablement grand et puissant, celui qui désespère ou celui qui console? Car, hélas! monsieur, faire croire au mal est si facile!!! — ajouta la marquise avec une expression d'amertume navrante.

Quoique tout ceci, fort bien dit et pensé d'ailleurs, m'eût paru peut-être trop *phrasé* pour une conversation, dans cet entretien de madame de Pënâfiel, ce ne fut pas ce qui me surprit davantage.

Il est sans doute arrivé à tout le monde d'éprouver cette sensation inexplicable, d'où il résulte que, pendant au plus la durée d'une seconde, on croit avoir déjà positivement vu ou entendu ce qu'on voit et ce qu'on entend, bien qu'on ait la certitude absolue de voir le site qu'on regarde, ou d'entendre la personne qui parle, pour la première fois ; or, ce que venait de dire madame de Pënâfiel à propos du génie de Byron ou de Scott me fit ressentir une impression analogue. Cela était tellement selon ma pensée intime, et en semblait si parfaitement l'écho, que je demeurai d'abord presque stupéfait ; puis, réfléchissant bientôt qu'après tout, ce que madame de Pënâfiel venait de dire là n'était qu'une appréciation fort simple et fort naturelle de deux esprits opposés, je continuai très-froidement, sans laisser pénétrer ce que j'avais éprouvé ; car madame de Pënâfiel m'avait semblé véritablement très-émue et très-naturelle en parlant ainsi :

« Sans doute, madame, le génie de Byron est très-désolant, et celui de Scott très-consolant, et l'un me semble aussi avoir un très-grand avantage sur l'autre ; mais ces désolations et ces consolations me paraissent un peu superflues à notre époque ; car aujourd'hui on ne s'afflige ni on ne se console de si peu.

— Comment cela ? — me demanda madame de Pënâfiel.

— Mais il me semble, madame, que nous

n'en sommes plus au temps des malheurs et des félicités imaginaires; on prend le sage parti de substituer le positif du *bien-être matériel* à toute l'idéalité rêveuse et folle de la *passion;* il y a donc de nombreuses probabilités pour qu'on se trouve beaucoup plus près du bonheur qu'on ne s'en est jamais trouvé! Car, même pour les plus complétement doués, il n'y a rien de plus impossible à réaliser que l'idéal ; tandis qu'avec de la raison chacun peut prétendre à s'arranger un petit bonheur matériel fort sortable.

— Ainsi, monsieur, — me dit madame de Pénâfiel avec impatience, — vous niez la passion? vous dites que de nos jours elle n'existe plus ?

— Je me trompe, madame, il en est encore une, la seule qui reste, et celle-là a concentré en elle la violence de toutes les autres. L'influence de cette passion est immense : c'est la seule enfin qui, bien exploitée, pourrait réagir de nos jours sur toute la société... sur les mœurs, par exemple? Et, bien que nous soyons, hélas! à mille lieues du laisser-aller si gracieux des grandes époques du plaisir et de la galanterie, la passion dont je vous parle, madame, pourrait presque changer chaque salon de Paris en une assemblée de quakers ou de bourgeois américains.

— Comment cela?—dit madame de Pënâfiel.

— En un mot, madame, voulez-vous voir la pruderie la plus sauvage régner dans tous les entretiens? voulez-vous entendre des invocations sans fin de la part des hommes (qui ne sont pas mariés bien entendu) en faveur de la sainteté du mariage et des devoirs des femmes? voulez-vous, en un mot, voir réaliser l'utopie rêvée par les moralistes les plus sévères?

— C'est-à-dire pour moi, je voudrais bien voir cela, une fois par hasard... en passant, — s'écria lord Falmouth feignant un air épouvanté : — mais voilà tout; je proteste... si cela doit durer plus longtemps!

— Mais le secret de cette passion, monsieur, — dit madame de Pënâfiel, — de cette passion qui peut opérer ces miracles, quel est-il?

— L'égoïsme ou la passion du *bien-être matériel*, madame; passion qui se traduit par un mot très-trivial et très-significatif, l'*argent*.

— Et comment appliquerez-vous l'amour excessif de l'argent au développement non moins excessif de cette menaçante vertu dont vous faites un tableau si effrayant que je n'en suis pas encore bien remis? — dit lord Falmouth.

— Ainsi qu'on fait dans votre pays, monsieur, en punissant d'une amende exorbitante toute infraction aux devoirs. Que voulez-vous? dans notre époque toute positive, on ne redoute plus guère que ce qui vous atteint dans votre vie de chaque jour, dans votre *bien-être;* et sous ce rapport l'*amende* appliquée au maintien des mœurs serait certainement le plus puissant levier social de l'époque. Ainsi, par exemple, supposez un moraliste profond, inexorable, décidé à rompre brutalement avec les faiblesses que le monde accepte; un homme passionnément épris du devoir... ou, si vous l'aimez mieux, figurez-vous un homme très-laid, très-ennuyeux, et conséquemment très-envieux de certaines fautes charmantes qu'il ne peut pas commettre, et décidé à les poursuivre à outrance; que cet acharné moraliste soit législateur par-dessus le marché, et qu'un jour il vienne faire à la Chambre le tableau le plus sombre de l'état des mœurs; enfin qu'il demande et qu'il obtienne d'une majorité que, sans trop d'efforts d'imagination, vous supposez aussi composée de gens très-laids et très-ennuyeux; qu'il obtienne, dis-je, je ne sais d'après quels considérants, l'organisation d'une police sociale destinée à surveiller, à dévoiler tout attentat aux mœurs privées, et qu'enfin on promulgue une loi qui punisse, je suppose, d'une amende de *cinquante mille francs* ce tendre délit dont les tribunaux retentissent tous les jours ; que cette amende soit doublée en cas de récidive, et non pas, ainsi que chez vous, monsieur, offerte comme un dédommagement honteux pour l'offensé, qui conserverait ici tous les droits de venger son honneur ; mais employée, je suppose, à l'éducation des enfants trouvés... afin que le superflu alimente le nécessaire.

— Et vous croyez, monsieur, — s'écria la marquise, — que l'ignoble crainte de payer une somme d'argent considérable rendrait la majorité des hommes moins attentifs, moins empressés auprès des femmes ?

— Je le crois tellement, madame, que je puis vous tracer à merveille les deux aspects très-différents d'un salon rempli des mêmes personnages la veille ou le lendemain du jour où une telle loi serait promulguée. La veille, vous verriez les hommes, comme toujours, souriants, épanouis, charmants, prenant leur voix la plus douce et la plus tendre pour développer bien bas, avec une grâce indicible dans le regard et dans l'accent, les principes amoureux de cette logique banale : « — *Ce qui plaît est* » *bien.* — *La vertu est la discrétion.* — *On n'a* » *pas consulté votre cœur quand on vous a* » *donné votre tyran.* — *Il est des sentiments* » *que la sympathie rend inévitables.* — *Votre* » *âme cherche sa sœur... son autre moitié...* » *prenez mon âme* (ce morceau d'âme dépa- » reillée a des moustaches ou des favoris énor- » mes). — *Arrivé à un certain degré, l'amour* » *coupable devient un devoir sacré,* etc., etc. — » Car, je vous fais grâce, madame, d'une foule d'autres excellents raisonnements qui généralement ne trompent pas plus celles qui les admettent que ceux qui les font. — Mais le lendemain de notre terrible loi, mais lorsqu'il s'agirait d'*amende*, quelle différence! Cómme, après tout, ces jolis paradoxes de la veille pourraient bien finir par une forte somme à débourser, et que cette somme réduirait d'autant ce luxe et ce bien-être, qui sont le nécessaire d'une vie essentiellement positive dont l'amour n'est que le dernier superflu; — vous verriez les hommes, tout à coup devenus sérieux, gourmés, dignes, s'effarouchant du moindre entretien avec une femme, s'ils se trouvent un peu trop écartés du cercle; enfin, prudes et sauvages comme des pensionnaires devant leur supérieure, vous les entendriez s'écrier tout à coup, pour qu'on les entende bien, et de leur voix la plus solennelle, de cette voix rogue qu'ils réservent pour parler politique, refuser des services, et, plus tard, gronder leurs femmes et leurs enfants : — « *Après tout, la société ne* » *vit que par les mœurs.* — *Il faut bien s'ar-* » *rêter à quelque chose.* — *Il est des devoirs* » *qu'un galant homme sait et doit respecter.* » — *J'ai eu une mère!* — *Je serai père un* » *jour.* — *Il n'y a de véritables joies que dans* » *la satisfaction de la conscience,* etc., etc. » — Car je vous fais encore grâce, madame, d'une foule d'autres formules plus ou moins morales, qui, dès qu'il s'agirait d'amende, pourraient très-fidèlement et très-brutalement se traduire par ceci : — « *Mesdames, vous êtes sans doute* » *on ne peut pas plus charmantes ; mais j'aime* » *beaucoup aussi ma loge à l'Opéra, mon hô-* » *tel, ma table, mon écurie, mon jeu, mon* » *voyage aux eaux ou en Italie tous les ans,* » *mes tableaux, mes objets d'art ; or, risquer* » *un peu de tout cela pour quelques moments* » *d'une félicité... aussi rare... qu'elle est eni-* » *vrante...* Nox! »

— C'est infâme, — dit la marquise; — sur cent hommes il n'y en a pas un qui penserait ainsi!

— Permettez-moi, madame, d'être d'un avis absolument opposé : je crois, de nos jours, les hommes impitoyablement attachés au bien-être confortable et matériel, et pouvant, et sachant, et voulant lui sacrifier tout, et, bien plus que tout le reste, ce qu'on appelle une passion de *cœur*.

— Vous pensez cela? — me dit madame de Pënâfiel avec un étonnement profond. — Vous pensez cela? Et quel âge avez-vous donc, monsieur? »

Cette question me parut si étrange, si peu convenable, et il était d'ailleurs si difficile d'y répondre sans être extrêmement ridicule, que, m'inclinant respectueusement, je dis à tout hasard :

« Mon étoile m'a assez favorisé, madame la marquise, pour me faire naître la veille du jour de votre naissance... »

Madame de Pënâfiel fit un mouvement de hauteur impatiente, et me dit d'un très-grand air : « Je vous parle sérieusement, monsieur!

— Et c'est aussi très-sérieusement, madame, que j'ai l'honneur de vous répondre; la question que vous avez daigné m'adresser m'est une preuve d'intérêt trop hautement flatteur pour que je n'y réponde pas comme je dois.

— Mais comment savez-vous mon âge ? — me demanda madame de Pënâfiel avec une sorte de curiosité très-étonnée.

— D'ici à bien des années, madame, — lui dis-je en souriant, — ce secret ne devra pas vous inquiéter, et j'ose espérer vivre assez longtemps dans vos bonnes grâces pour l'avoir oublié lorsqu'il devra l'être... »

A ce moment, un éternument d'autant plus sonore qu'il avait été puissamment comprimé, éclata dans la région du jeune étranger, qui, selon la prédiction de lord Falmouth, n'avait pas cessé de feuilleter depuis une heure le même album dans le plus profond silence. Ce bruit fit faire un bond de surprise à madame de Pënâfiel, qui détourna vivement la tête, et fut toute confuse d'apercevoir là M. de Stroll.

Mais elle lui fit des excuses si gracieuses sur 'oubli où elle avait paru le laisser, que le jeune baron trouva sa conduite toute naturelle, et parut même se savoir assez bon gré d'avoir éternué aussi fort.

Il était tard, je me retirai.

J'attendais ma voiture dans un des premiers

salons, quand lord Falmouth et M. de Stroll vinrent aussi demander leurs gens.

« Eh bien? — me dit lord Falmouth, — que pensez-vous de madame de Pënâfiel? »

Soit fausse honte de sembler être déjà sous le charme, soit dissimulation, je lui répondis en souriant : « Mais madame de Pënâfiel me semble avoir une extrême simplicité de manières, un esprit candide et dénué de toute prétention, un naturel enchanteur, et dire enfin tout naïvement ce qu'elle pense.

— Eh bien! sur ma parole, — me répondit lord Falmouth avec son ironie grave, — vous avez bien jugé, aussi vrai que nous sommes en plein midi, au milieu d'une épaisse forêt, à entendre le ramage des oiseaux. — Puis il ajouta sérieusement : — Ce qu'il y a d'infernal chez elle, c'est la fausseté... Je suis sûr qu'elle ne pense pas un mot de tout ce qu'elle nous a dit à propos de Byron et de Scott... car elle a du cœur... comme cela, — ajouta-t-il en frappant du bout de sa canne la base d'un colossal vase du Japon plein de fleurs situé près de lui, — ou bien encore, tenez, — dit-il en prenant dans le vase un beau camélia pourpre qu'il me montra, — elle ressemble encore à ceci : couleur et éclat, rien de plus; pas plus d'âme que cette fleur n'a de parfum. Après tout, quand elle veut, elle cause à ravir. Mais où il faut l'entendre, dit-on, c'est quand quelqu'un sort de chez elle... comme elle le met en pièces! Un de ces jours nous ferons cette partie-là; vous sortirez, je resterai, et je vous dirai ce qu'elle aura dit de vous, à charge de revanche... »

A ce moment nos voitures avancèrent, lord Falmouth allait commencer sa nuit au salon; — après avoir hésité un instant à l'y accompagner, je rentrai chez moi.

Malgré le jugement de lord Falmouth et ce que je lui avais dit moi-même sur madame de Pënâfiel, je l'avais trouvée fort naturelle, et sa façon de voir sur Byron m'avait surtout beaucoup et profondément frappé; car il m'avait semblé pénétrer sous ce langage de sourds élans du cœur, quelques cris de douleur morale comprimés, qui me firent beaucoup réfléchir, parce qu'ils me parurent vrais, et absolument opposés au caractère qu'on prêtait à madame de Pënâfiel.

CHAPITRE IV.

DES BRUITS DU MONDE ET DE LA COQUETTERIE.

Il n'est souvent rien de plus difficile, pour ne pas dire impossible, que de défendre avec quelques succès dans le monde une pauvre jeune femme qui a le malheur de se trouver, non-seulement très-haut placée et par son nom et par sa fortune, mais encore d'avoir une figure charmante, un esprit remarquablement distingué, des talents et une instruction très-étendue.

Dès que l'insolente réunion de ces rares avantages a déchaîné le monde contre elle, ses actions les meilleures comme les plus indifférentes, ses qualités, sa grâce, tout lui est opposé avec un art d'une incroyable perfidie, et on ne se montre un peu bienveillant que pour ses défauts.

Rien de plus triste à observer que les effets contradictoires de ce dénigrement acharné ; car si cette femme, contre laquelle on s'élève avec une haine si unanime, a une maison hautement recherchée, on s'y presse, aucune avance ne coûte pour y être admis ; lui reproche-t-on des légèretés ? qu'importe, toutes les femmes la reçoivent et lui amènent leurs filles, sans doute pour leur enseigner de bonne heure cet édifiant oubli des outrages... qu'on a prodigués, et des calomnies.... qu'on a répandues soi-même.

Ces réflexions me viennent à propos de madame de Pënâfiel ; car peu à peu je m'étais habitué à la voir souvent, et bientôt presque chaque jour.

Ainsi que cela arrive d'ordinaire, je l'avais trouvée absolument autre qu'on ne la jugeait. — On la disait hautaine et impérieuse, je ne l'avais trouvée que digne ; — ironique et méprisante, je ne l'avais jamais entendue adresser ses railleries ou ses dédains qu'à des sujets bas et méprisables ; — méchante et haineuse, elle m'avait paru bonne et pitoyable ; — fantasque, bizarre et morose ; quelquefois seulement je l'avais vue triste.

Maintenant, cette différence si marquée entre ce que je voyais et ce que j'avais entendu dire devait-elle être attribuée à la profonde dissimulation qu'on reprochait à madame de Pënâfiel ? Je ne le sais.

J'ignore si j'étais fort épris de madame de

Pënâfiel, mais je ressentais pour elle, à mesure que je la connaissais plus intimement, un très-vif intérêt, causé autant par son charme, par son esprit, par ses qualités, par la naïveté même de certains défauts qu'elle ne contrariait pas, que par l'acharnement avec lequel le monde l'attaquait sans cesse ; acharnement contre lequel je m'étais souvent et très-durement élevé.

Ce n'est pas sans quelque fierté que je me rappelle cette circonstance, rien n'étant plus ordinaire que la lâcheté moutonnière avec laquelle on se joint aux médisants pour déchirer ses amis absents.

D'ailleurs, j'avais peu à peu découvert la fausseté de mille bruits absurdes auxquels, du reste, j'avais ajouté foi tout des premiers.

Ainsi, lorsque je pus causer un peu confidemment avec madame de Pënâfiel, je lui avouai très-franchement que sa présence à cette course fatale où M. de Merteuil avait été tué m'avait semblé au moins étrange.

D'un air fort étonné elle me demanda pourquoi.

Je lui dis que M. de Merteuil et M. de Senneterre étant fort de ses amis, en un mot, extrêmement de ses adorateurs...

Mais, sans me laisser le temps d'achever, elle s'était écriée que c'était une insigne fausseté ; qu'elle recevait M. de Merteuil et M. de Senneterre ses jours habituels ; qu'elle ne les voyait presque jamais le matin ; qu'ignorant le danger de ce défi, elle était allée à cette course comme à toute autre, et que, si elle n'était pas restée jusqu'à la fin, c'est qu'elle avait eu froid.

A cela je lui opposai le bruit, et conséquemment la conviction publique que voici : « Elle
» savait être aimée par MM. de Merteuil et
» de Senneterre, ayant, par une coquetterie
» inexcusable, encouragé leurs soins rivaux ;
» elle se trouvait ainsi la première et seule
» cause de ce défi meurtrier ; aussi, son départ
» insouciant avant la fin de la lutte avait-il au
» moins autant scandalisé que sa présence à
» cette course ; enfin, le soir, son apparition
» en grande loge à l'Opéra avait semblé le
» comble de la sécheresse de cœur et du dédain. »

Madame de Pënâfiel ne pouvait croire d'aussi misérables médisances ; quand je l'en eus convaincue, elle me parut douloureusement peinée, et me demanda comment il se faisait que des gens du monde et sachant le monde fussent assez sots ou assez aveuglés pour penser qu'une femme comme elle jouerait un tel rôle.

A cela je lui répondis que la bonne compagnie, avec une humilité toute chrétienne, se résignait toujours à oublier sa haute et rare expérience du monde pour descendre jusqu'à la crédulité la plus stupide et la plus bourgeoise, dès qu'il s'agissait d'ajouter foi à une calomnie.

Puis je lui citai l'histoire d'Ismaël. — Elle me dit qu'elle avait en effet remarqué et assez admiré *en artiste* son costume rempli de caractère, et qu'un moment elle avait eu peur de voir ce malheureux homme renversé sous son cheval.—Mais quand j'en vins à ces autres propos, et conséquemment à cette autre conviction publique, « qu'elle avait voulu se faire » présenter Ismaël, » elle éclata d'un rire fou, et me raconta qu'elle avait dit à l'Opéra à M. de Cernay, qui en fut d'ailleurs fort piqué : « Rien » n'est maintenant plus vulgaire que les Chas- » seurs et les Heiduques ; quand vous vous » serez bien montré avec votre Lion, et que » vous en aurez tiré tout le contraste possible, » vous devriez me l'envoyer, je le ferais monter » derrière ma voiture avec un valet de pied ; » ce serait fort original. »

— Eh bien, madame, lui dis-je en riant, voici ces autres médisances, ou plutôt cette autre conviction : « Pendant que MM. de Mer-

» teuil et de Senneterre risquaient pour vous
» plaire leur existence, indifférente à cette lutte
» téméraire, dont vous saviez l'objet, vous n'a-
» viez d'admiration que pour ce Turc, admi-
» ration qui avait éclaté par mille signes et
» mille transports presque frénétiques ; enfin
» le soir, paraissant à l'Opéra, malgré la
» mort d'un de vos plus dévoués admirateurs,
» votre première pensée fut de prier M. de
» Cernay de vous présenter Ismaël. Mais pour-
» tant, éclairée par les conseils de vos amis,
» et voulant fuir la passion profonde que ce
» sauvage étranger vous avait inspirée, vous
» aviez pris le parti de vous aller brusquement
» mettre à l'abri tout au fond de la Bretagne. »

Madame de Pënâfiel me demanda si ce n'était pas M. de Cernay qui faisait courir ces bruits si calomnieux et si mensongers. Comme je tâchais d'éluder cette question, bien que je n'eusse aucune espèce de raison de ménager le comte, — elle parut réfléchir un instant et me dit :

« Confidence pour confidence. Monsieur de
» Cernay, après s'être assez longtemps occupé
» de moi, a fini par me faire une déclaration....
» de mariage, qui n'a pas plus été agréée que
» ne l'aurait été une déclaration d'amour ; car,

» ne songeant pas à commettre une faute, je
» ne pouvais sérieusement penser à faire une
» sottise irréparable. Mais, comme M. de Cernay
» n'avait pas plus à se vanter de mon refus
» que moi de ses offres, le secret avait été jus-
» ques ici scrupuleusement gardé entre nous
» deux; maintenant qu'il me calomnie, ce se-
» cret n'en est plus un; faites-en ce que vous
» voudrez au besoin, et *citez vos sources*,
» comme disait toujours mon vénérable ami
» Arthur Young. Maintenant, quant à ce voyage
» de Bretagne si précipité, — avait ajouté ma-
» dame de Pënâfiel en riant beaucoup de ces
» ridicules interprétations, — vous me rap-
» pelez que ce soir-là à l'Opéra, j'ai été bien
» brusque envers cette pauvre Cornélie, ma
» demoiselle de compagnie. Je lui avais dit
» que le lendemain nous partions pour ma
» terre; mais elle se mit à me faire mille ob-
» jections sur le temps, sur le froid, etc., qui
» finirent par m'impatienter beaucoup, puisque
» je voyageais bien, moi. Or ce n'était pas ab-
» solument pour fuir ce pauvre diable de Turc
» que je partais ainsi, mais pour aller tout
» simplement voir la femme qui m'avait nour-
» rie; elle était à la mort, et assurait que, si
» elle me voyait, elle reviendrait à la vie.

» Comme je suis attachée à cette excellente créa-
» ture, j'y suis allée; mais ce qu'il y a de très-
» curieux, c'est qu'aujourd'hui elle se porte à
» merveille; aussi, n'ai-je pas vraiment eu le
» cœur de regretter ce rude voyage en plein
» hiver. »

A ce sujet je fis beaucoup rire madame de Pënâfiel en lui disant combien j'avais moi-même profondément plaint sa femme de compagnie d'être exposée à sa tyrannie, etc., etc., en voyant la pauvre fille si chagrine à l'Opéra.

Je ne cite ces particularités, je le répète, que comme type très-vrai, je crois, de la plupart des bruits absurdes qui ont pourtant cours et créance absolue dans le monde, et dont la portée est souvent bien dangereuse.

Tant d'acharnement contre cette jeune femme m'intéressait donc vivement; d'ailleurs, plus je la voyais dans l'intimité, plus son caractère me semblait souvent inexplicable. Son esprit très-agréable, singulièrement orné, bien que souvent paradoxal et d'un tour scientifique prétentieux (c'était un de ses défauts), avait rarement quelques saillies de gaieté cordiale, ou d'entraînement.

Quant à ce qui touchait les sentiments intimes, elle paraissait contrainte, oppressée, comme si quelque douloureux secret lui eût pesé ; puis parfois c'étaient des traits de bonté et de commisération profondément sentie et raisonnée ; bonté qui ne paraissait pas pour ainsi dire naturelle, instinctive, mais plutôt naître de la comparaison ou du souvenir d'une grande infortune, comme si madame de Pënâfiel se fût dit : « J'ai tant souffert que je dois m'apitoyer ! »

C'étaient enfin d'autres fois des explosions du mépris le plus acerbe, à propos des envieux et des méchants, qui éclataient en railleries mordantes, n'épargnaient personne, et avaient malheureusement dû lui assurer beaucoup d'ennemis.

Une circonstance m'avait aussi singulièrement frappé, c'est que, malgré ce qu'on disait de sa légèreté, je n'avais vu chez madame de Pënâfiel aucun homme sur un pied d'intimité telle, qu'à cette époque on pût lui supposer, ostensiblement du moins, aucun intérêt de cœur.

Si j'aimais madame de Pënâfiel, ce n'était donc pas de cet amour pur, jeune et passionné dont j'avais aimé Hélène ; c'était d'un sentiment où il entrait au moins autant d'affection que de curiosité, et, le dirai-je, de méfiance ;

car si je blâmais les absurdes et calomnieuses visions du monde, je n'étais souvent pas beaucoup plus juste ni beaucoup moins sot.

Quoique je visse très-assidûment madame de Pënâfiel depuis à peu près trois mois, je ne lui avais pas encore dit un mot de galanterie, autant par calcul que par défiance. Je l'avais trouvée trop essentiellement différente du portrait qu'on en faisait dans le monde, pour n'avoir pas, malgré moi, souvent songé à cette excessive fausseté dont on l'accusait.

Ainsi je voulais l'étudier davantage avant de me laisser entraîner au courant très-incertain d'une liaison dont j'aurais redouté l'issue négative; car, je l'avoue, madame de Pënâfiel était on ne peut plus séduisante.

Entre autres défauts, qui chez elle me ravissaient, il y avait surtout sa coquetterie, qui était fort singulière.

Elle n'existait pas dans de fausses prévenances, dans un accueil aussi flatteur que mensonger, aussi encourageant que trompeur; non, son caractère était trop fier et trop justement dédaigneux pour quêter ou s'attirer ainsi des hommages.

Cette coquetterie était toute dans la grâce inexprimable que madame de Pënâfiel voulait et savait donner à ses moindres mouvements, à ses poses les plus indifférentes en apparence. Sans doute cette grâce était calculée, raisonnée, si cela peut se dire; mais l'habitude avait tellement harmonisé cet art enchanteur avec l'élégance native de ses manières, qu'il était impossible de *regarder* quelque chose de plus délicieux que madame de Pënâfiel.

D'ailleurs, en fait d'exquisitisme, le naturel seul ne peut supporter la comparaison avec la parure étudiée; autant dire que la fleur pâle et sauvage de l'églantier se peut comparer à la rose pour l'abondance, l'éclat et le parfum.

Madame de Pënâfiel, quant à cela, d'une sincérité charmante, avouait qu'elle avait un plaisir extrême à s'habiller avec le goût le plus parfait, afin de se trouver jolie; qu'elle aimait beaucoup à voir son attitude gracieuse réfléchie dans une glace; elle ne comprenait pas enfin qu'on rougît davantage de cultiver et d'orner sa beauté que son esprit; qu'on ne s'étudiât pas autant à toujours prendre une pose élégante et choisie, qu'à ne jamais parler sans finesse et sans atticisme.

Elle avouait encore qu'elle se plaisait à cette coquetterie beaucoup plus pour elle-même que pour les autres, qui, disait-elle dans ses jours de gaieté, ne la louaient jamais comme il fallait, tandis qu'elle, ne manquait pas le terme précis de la flatterie; aussi préférait-elle de beaucoup ses propres admirations et s'y tenait-elle.

On ne saurait croire en effet jusqu'à quel point madame de Pënâfiel avait poussé cet art d'être charmante *à voir*.

Ainsi, peignant à ravir, elle avait une sorte de parloir, à la fois salon, bibliothèque et atelier, arrangé avec un goût parfait, et où elle se tenait de préférence. Or, selon son air, sa toilette ou sa physionomie du jour, au moyen de stores et d'anciens vitraux très-habilement combinés, elle se trouvait plus ou moins éclairée, et cela avec la plus admirable, la plus poétique intelligence du coloris et des mille savantes ressources de l'ombre et de la lumière artistement opposées.

Par exemple, lorsque madame de Pënâfiel était nerveuse et pâle, et que, toute vêtue de blanc, ses beaux cheveux bruns, brillant de reflets dorés, arrondis en bandeaux, elle était assise sous un demi-jour, qui, tombant d'assez haut, projetait de grandes ombres dans l'appartement, il fallait voir comme cette faible clarté, en s'épanouissant seulement sur son beau front, sur ses joues à peine rosées et sur son cou d'ivoire, laissait tout le reste de son visage dans un merveilleux clair-obscur ! Rien enfin de plus délicieux à regarder que cette blanche et vaporeuse figure qui se dessinait, si doucement éclairée, sur un fond très-sombre.

Puis encore, cette lumière avarement ménagée, qui brillait seulement çà et là comme par étincelles, sur la sculpture dorée d'un fauteuil, sur le pli moiré d'une étoffe, sur l'écaille et la nacre d'un meuble, ou qui éclatait en points scintillants sur la surface arrondie des coupes de porcelaine remplies de fleurs ; cette lumière ainsi distribuée donnait non-seulement une apparence *de tableau*, et de charmant tableau, à cette figure d'une élégance si achevée, si exquise, mais encore à tous les accessoires qui l'entouraient.

J'avoue d'ailleurs une grande puérilité, c'est que cette manière de donner du jour à un appartement m'avait beaucoup plu, parce qu'elle était dans mes idées.

Une chose, à mon avis, des plus choquantes, était l'ignorance complète ou l'oubli déplorable des architectes à ce sujet. — Ainsi, sans tenir compte du style, de l'époque, et principalement, s'il s'agit d'une femme, de son extérieur, du type de sa beauté, de sa physionomie, ils croient avoir tout fait, et parfaitement fait, lorsqu'ils l'ont aveuglée au moyen de deux ou trois fenêtres énormes, de dix pieds de hauteur, d'où se répand de tous côtés une nappe de clarté éblouissante. Or, cette lumière si maladroitement prodiguée se neutralise, se perd, ne met en relief ni tableaux, ni étoffes, ni sculptures, parce que, se projetant indifféremment sur tout, elle ne donne de valeur à rien.

En un mot, pour résumer ma pensée, il me semble qu'un appartement (non de réception, mais voué aux habitudes d'intimité) doit être éclairé avec la même étude, avec le même art, avec la même recherche qu'on mettrait *à bien éclairer un tableau.*

Qu'ainsi, beaucoup de choses doivent être sacrifiées dans l'ombre et dans la demi-teinte, afin de ménager des parties éclatantes.

Alors l'œil et la pensée se reposent avec plaisir, avec amour, avec une espèce de douce rêverie, de poétique contemplation sur cet agencement intérieur...

Sorte de tableau réel, en action, qu'on admirerait déjà si on le voyait représenté sur une toile.

Mais il faut une certaine élévation d'esprit,

un certain instinct d'idéalité peut-être exagéré, pour se vouer à cette espèce de culte domestiqué, et y chercher des jouissances méditatives de chaque minute, qui échappent ou semblent incompréhensibles à beaucoup de gens.

Si j'insiste sur cette particularité, c'est que cette espèce de sympathie entre ce goût de madame de Pënâfiel et le mien me frappa, et qu'il faisait encore valoir sa coquetterie de manières que j'aimais à l'adoration.

A ce propos, je me souviens que je ne trouvais rien de plus sauvage (et je le disais hautement) que les cris furieux de tous les hommes de la connaissance de madame de Pënâfiel, au sujet de ce qu'ils appelaient *son intolérable et détestable coquetterie.* « — C'était, — disaient-
» ils avec un emportement très-curieux, — c'é-
» tait de la part de madame de Pënâfiel des
» prétentions exorbitantes ! une espèce de pari
» avec elle-même d'être toujours gracieuse et
» charmante ! Jamais on ne pouvait la trouver
» chez elle que mise à ravir ; tout y était cal-
» culé, étudié, depuis le jour faible et incertain
» qui l'éclairait quelquefois, depuis la couleur
» de la tenture assortie à son teint comme si elle
» eût dû s'habiller avec cette tenture, jusqu'à
» celle des fleurs naturelles posées dans un vase,

» sur sa table à écrire, qui étaient, le croirait-
» on, ô horreur !!! qui étaient aussi assorties
» à la couleur de ses cheveux, comme si elle eût
» dû se coiffer avec ces fleurs ! Mais ce n'était
» pas tout ; elle avait un pied d'enfant, les plus
» beaux bras qu'on pût voir, et une main ra-
» vissante. Eh bien ! n'était-ce pas insuppor-
» table ? On ne pouvait s'empêcher de remar-
» quer, d'admirer ce pied, ce bras, cette main,
» tant elle possédait d'habileté à mettre ces avan-
» tages en évidence. Encore une fois c'était
» odieux, insupportable, scandaleux, » etc.

Or, tout cela fût-il vrai, ou plutôt par cela même que tout cela était vrai, y avait-il quelque chose au monde de plus grotesque et de plus saugrenu que d'entendre des hommes, vêtus avec cette espèce de négligence souvent sordide, acceptée je ne sais pourquoi de nos jours pour les visites du matin, et qui allaient ainsi en *Chenille* (vieille expression très-justement imaginée, qui devrait revivre) passer une heure chez une femme, de les entendre, dis-je, se plaindre outrageusement de ce que cette femme les recevait, entourée de tout ce que le goût, l'art et l'élégance pouvaient ajouter à sa grâce naturelle ?

J'avoue qu'au contraire, je trouvais, moi,

un plaisir extrême à jouir de toutes les délicieuses coquetteries de madame de Pënâfiel, à contempler enfin, ne fût-ce même que comme un ravissant *objet d'art*, ce délicieux tableau vivant, quelquefois si animé, quelquefois si triste et si languissant.

. . . .

J'oubliais de dire que parmi les plus violents détracteurs de madame de Pënâfiel, étaient plusieurs *jeunes chrétiens* de ses amis.

Puisque ces mots sont venus à ma pensée, ils exigent quelques développements; car le *jeune chrétien de salon,* type à la fois prétentieux et grotesque, devant bientôt faire place à d'autres ridicules, mérite d'être assez longuement décrit, afin que son souvenir exhilarant ne soit pas à tout jamais perdu.

CHAPITRE V.

DU CHRISTIANISME DE SALON.

Il existe deux sortes de jeunes chrétiens de salons, les uns prétentieux et grotesques, les autres respectables, parce qu'ils ont du moins des dehors, un langage et des habitudes qui ne font pas le contraste le plus saugrenu avec leur *spécialité*.

On peut d'ailleurs diviser en deux classes ces mondains apôtres, — les jeunes chrétiens qui dansent et ceux qui ne dansent pas. — Cette distinction suffit pour les reconnaître tout d'abord.

Les premiers, les chrétiens danseurs, sont plus ou moins gros et gras, rosés, potelés, bouclés, frisés, cravatés, gourmés, guindés, parfumés. Ce sont les *Beaux*, les *Cavaliers*, les *Lions* de ce christianisme de boudoir, de ce catholicisme de table à thé; ceux-là boivent, mangent, rient, parlent, chantent, crient, dansent, valsent, galopent, pirouettent, cotillonnent, mazourquent et font l'amour (s'ils peuvent) tout aussi éperdûment que le dernier des luthériens ou le moindre petit indifférent en matière de religion. Quelques-uns même, se souvenant que David dansait devant l'arche, se sont ardemment livrés à la cachucha, afin de rendre sans doute un hommage tout chrétien à cette danse adorable qui florit en Espagne, terre catholique s'il en est; d'autres, plus rigoristes, avant de consentir à rivaliser ainsi avec les Majos les plus déhanchés, demandaient que la cachucha fût baptisée *l'Inquisition*. La question est encore pendante. —

Toujours est-il qu'en voyant ces apôtres en gants glacés et à chevelure pyramidale, arriver tout essoufflés d'un galop, s'abandonner au délire de la valse en dévorant des yeux leur danseuse, et aller ensuite oublier ou rêver tant de charmes dans la brûlante intimité des pierrettes du bal Musard, on ne les croirait pas d'abord beaucoup plus chrétiens qu'Abd-el-Kader.

Pourtant, grâce à quelques révélations indiscrètes sur la topographie des religions divines, à quelques confidences compromettantes sur l'espèce, la durée des peines éternelles, et surtout à leur air de fatuité triomphante, on devine, on pressent bientôt l'ange surnuméraire, sous l'enveloppe terrestre de ces jeunes chrétiens.

Leur seul tort est de ne pas assez dissimuler qu'ils sont du dernier mieux avec Jéhovah, en bonne fortune réglée avec la Providence, qu'ils ont tout plein de bonnes connaissances là-haut, et que les séraphins sont fort leurs serviteurs.

Mais en attendant l'heure de retourner auprès du roi des rois, qui, dans un moment de liesse, a bien voulu nous prêter ces gras chérubins pour égayer nos misères, les jeunes chrétiens danseurs pratiquent assidûment nos joies profanes, sans pour cela négliger les plaisirs sacrés.

En effet, le jeune chrétien danseur doit encore posséder sa chronique d'église et de sacristie, ainsi qu'un habitué d'Opéra possède la chronique des coulisses.

Le chrétien danseur doit donc connaître les prédicateurs à la mode, leurs mœurs, leurs habitudes, leur vie privée, anecdotique; raconter comment l'abbé *** n'écrit pas ses sermons, — comment l'abbé *** a supplanté l'abbé ***, — comment l'abbé *** a bonne ou mauvaise grâce en prêchant, — comment un vicaire de Saint-Thomas-d'Aquin a cavalièrement rembarré son curé, — comment une âme pieuse a retrouvé sur le chapeau d'une bonne dame d'un âge mûr, mais encore leste et accorte, quelques aunes de superbe dentelle qu'elle avait offertes au jovial curé de S***, pour servir de devant d'autel à son église, etc., etc. —

Le chrétien danseur doit, en un mot, savoir quelles sont les meilleures places de l'église pour voir et pour entendre prêcher, ne jamais manquer la première audition d'un sermon ou

d'une conférence, et venir au sortir du prêche
en donner des nouvelles et dire s'il a réussi,
— toujours comme s'il s'agissait d'un nouvel
opéra. —

Grâce à cette pratique assidue de la chaire et
de la sacristie, ainsi qu'à la vigueur de ses jarrets, le chrétien danseur, admis et posé comme
tel, jouit alors des priviléges attachés à cette
position excentrique.

Chrétien partout, chrétien toujours, au bal,
au spectacle, à table, aux champs, à la ville,
debout, assis, couché, en songe ou éveillé, il
fait de l'intolérance, de l'inquisition, de l'indignation ; — il vous classe d'un mot, — au paradis, — ou en enfer ; — il fulmine d'éclatants
anathèmes sur la nouvelle Gomorrhe en buvant
du punch, ou crie Babylone! Babylone! en soupant comme un ogre. Enfin, jetant un terrible
cri de désolation, il annonce la prochaine et
menaçante probabilité du jugement dernier en
dansant le cotillon. —

Après quoi, harassé, brisé par les fatigues
du prêche et du bal, il se couche, et se trouve
bientôt oppressé par un affreux cauchemar. Il
rêve qu'il est confesseur, et que sa dernière
valseuse, avec laquelle il a pourtant beaucoup
admiré l'honnête modestie de Joseph fuyant

Putiphar, vient lui avouer qu'elle a commis toutes sortes de ravissants péchés avec un janséniste, deux calvinistes, cinq molinistes, onze déistes, et elle ne sait plus combien d'athées.

Loin des chrétiens danseurs qui s'épanouissent sous les bougies des lustres, florit modestement dans l'embrasure des portes le jeune chrétien qui ne danse pas. — Si les premiers sont les cavaliers de cette religion de salon, ceux-ci en sont les puritains. — Graves, austères, pâles, maigres, sombres, négligés, plus pudibonds que saint Joseph, ils ont bien de la peine à ne pas se couvrir de cendres, mais ils s'en vont traînant çà et là leur mélancolie et leur vie religieusement pure et limpide. — Distraits de nos joies profanes qu'ils traversent, sans s'y mêler, ils sont tout à leurs divines aspirations, à leurs visions célestes; tolérants, doux et pitoyables aux erreurs humaines, ce sont les tendres Fénelon de cette église mondaine, tandis que les chrétiens danseurs en sont les impitoyables Bossuet, car le chrétien danseur est implacable, intraitable, inabordable. — Dès qu'il s'agit de faiblesse humaine, pour lui, c'est-à-dire pour les autres, il n'y a pas de milieu, de moyen terme, — l'enfer, le diable et ses cornes, — c'est net, c'est tranché. —

Le chrétien qui ne danse pas use, au contraire, extrêmement du purgatoire; les partis extrêmes répugnent à son âme pieuse, délicate et charitable; il hésiterait bien longtemps, bien longtemps il lui faudrait la preuve de bien terribles iniquités pour le décider à vous dire positivement : — Hélas ! mon pauvre cher frère, vous me paraissez devoir appartenir un jour au grand diable d'enfer, si vous ne vous amendez point !

Le chrétien danseur, au contraire, lui, vous y dévoue tout de suite, et à tout jamais, sur la moindre pauvre petite présomption, avec une assurance effrayante.

Quant à l'avenir de l'espèce humaine, le chrétien qui ne danse pas semble espérer encore un peu pour le salut du monde, malgré les erreurs et les crimes des hommes; il présume, sans pourtant l'affirmer positivement, qu'au terrible jour du jugement dernier il se pourrait bien faire qu'une généreuse amnistie remît aux damnés la fin de leurs peines; le chrétien qui ne danse pas semble enfin compter beaucoup sur l'inépuisable mansuétude de Dieu, bon comme la force, dit-il; et, au résumé, on le croirait assez bien informé de la politique céleste, si le chrétien danseur, venant se mêler à la conversation en mangeant une glace, ne renversait pas d'un mot ces heureuses et douces espérances. Ce sont alors des menaces si épouvantables, si formidables, qui sentent si fort le soufre et le bitume, qui vous montrent si certainement un avenir de flammes éternelles, de fourches éternelles, de rôtissoires éternelles, qu'il ne reste plus aux pâles humains qu'à crier désespoir et fatalité, et, en attendant l'effet terrible des prédictions des chrétiens danseurs, qu'à se livrer à un galop sans fin ou à une orgie des deux mondes, digne du festin de Balthazar.

CHAPITRE VI.

LE PARLOIR.

Mais j'arrive à un épisode à la fois bien doux et bien cruel pour mon souvenir, et dont la pensée me fait encore rougir de bonheur et de regrets.

Un jour, je ne sais pourquoi, je me trouvais dans une disposition d'esprit singulièrement haineuse et méfiante; j'avais ressenti une impression malveillante contre madame de Pënâfiel en m'apercevant de l'influence que sa pensée commençait d'exercer sur moi. Je m'en trouvais irrité, ne croyant pas assez reconnaître la *réalité* de ce qu'était madame de Pënâfiel pour éprouver un tel sentiment sans le beaucoup redouter.

Ce jour-là j'allai chez elle : contre l'habitude de sa maison, toujours ordonnée à merveille, lorsque les gens de livrée m'eurent ouvert la porte qui fermait le vestibule, je ne trouvai pas de valets de chambre dans le salon d'attente pour m'annoncer. Il fallait, avant d'arriver au parloir de madame de Pënâfiel, traverser trois ou quatre autres pièces dans lesquelles il n'y avait pas de portes, mais seulement des portières. N'étant pas prévenue, il était difficile qu'elle m'entendît arriver, le bruit de mes pas étant absolument amorti par l'épaisseur des tapis.

Je me trouvai donc très-près de la portière qui fermait son parloir, et je pus contempler madame de Pënâfiel avant qu'elle ne m'eût aperçu, à moins que la réflexion d'une glace n'eût trahi ma présence.

Jamais je n'oublierai ma stupéfaction profonde à l'aspect de son visage pâle et désolé !

LE PARLOIR.

Il me parut alors révéler l'ennui, le chagrin, le malheur le plus incurable, ou plutôt réunir dans son expression ces trois sentiments arrivés à leur paroxysme le plus désespéré!

Je la vois encore. — Elle se tenait habituellement sur une petite causeuse fort basse, en bois doré, recouverte de satin brun semé de bouquets de rose, devant laquelle s'étendait un long coussin d'hermine qui lui servait à appuyer ses pieds ; à côté de cette causeuse et adossé au mur était un petit meuble de Boule, dont la partie supérieure formait une armoire ; les battants en étaient entr'ouverts, et c'est avec le plus grand étonnement que j'y remarquai un crucifix d'ivoire...

Madame de Pënâfiel avait sans doute glissé de sa causeuse, car elle était moitié-agenouillée, moitié assise sur le tapis d'hermine, les deux mains jointes sur ses genoux ; sa figure abattue, à demi tournée vers le Christ, était éclairée par un rayon de lumière qui, éclatant sur son front, y laissait lire une grande douleur.

Il était impossible de voir quelque chose à la fois de plus touchant, de plus beau, et aussi de plus attristant que cette jeune femme, entourée de tous les prestiges du luxe et de l'élégance, ainsi écrasée sous le poids de je ne sais quel chagrin terrible !

Après l'étonnement le plus vif, mon premier mouvement, je l'avoue, fut une contemplation douloureuse ; mon cœur se serra, lorsque je me demandai à quel inexplicable malheur pouvait être en proie cette belle jeune femme, en apparence si heureuse ?

Mais, hélas ! presque aussitôt, par je ne sais quelle désespérante fatalité, ma défiance habituelle, jointe à la réaction involontaire de cette réputation de fausseté qu'avait madame de Pënâfiel, me dit que peut-être j'étais dupe d'*un tableau,* et qu'il se pouvait que madame de Pënâfiel, m'ayant entendu venir, eût *arrangé* cette attitude si mélancoliquement affectée... Je dirai tout à l'heure dans quel but.

Je le répète, il était sans doute aussi fou que ridicule de croire à un calcul de coquetterie au milieu d'un chagrin qui semblait si écrasant ; mais, soit que son habitude de toujours vouloir paraître gracieuse eût réagi, presque malgré elle, jusque dans cette attitude en apparence si abandonnée à la douleur ; soit que le hasard l'eût seul arrangée, il était impossible de voir quelque chose de plus admirable que l'expression de ses yeux levés au ciel, que son touchant et humide regard, brillant, si éploré à travers le cristal limpide de ses larmes; que cette taille souple et mince, si délicieusement ployée sur le tapis; enfin jusqu'à son cou-de-pied charmant, si élégamment cambré, qui, dans le désordre de la douleur, laissait voir sa cheville et le bas de sa jambe fine et ronde enlacée du cothurne de ses souliers de satin noir; tout cela était d'un ensemble ravissant.

J'avoue qu'après mon premier étonnement et mes doutes sur la réalité de ce chagrin mon sentiment le plus vif fut une vive admiration pour des charmes aussi complets...

J'hésitai un instant, soit à entrer brusquement, soit à retourner jusqu'à la porte du salon d'attente et à m'annoncer alors en toussant légèrement; je me décidai à ce dernier parti : aussitôt les battants du meuble où était le christ se refermèrent brusquement, et, d'une voix très-altérée, madame de Pënâfiel s'écria :

« Mais qui est donc là ?... »

J'avançai en m'excusant de n'avoir rencontré personne pour m'introduire. Madame de Pënâfiel me répondit :

« Je vous demande pardon; mais, me trouvant fort souffrante, j'avais fait défendre ma porte, et je la croyais fermée. »

Je lui réitérai mille excuses, et j'allais me retirer, lorsqu'elle me dit :

« Pourtant, si la compagnie d'une pauvre femme, horriblement triste et nerveuse, ne vous effraie pas trop, restez, vous me ferez plaisir.

Lorsque madame de Pënâfiel m'invita de demeurer, et me dit qu'elle avait fait défendre sa porte, (ce qui expliquait l'absence de ses gens d'intérieur dans le salon d'attente), je n'hésitai plus un moment à croire que la scène du crucifix n'eût été jouée, et que ses gens n'eussent eu l'ordre de ne laisser entrer que moi.

Ce beau raisonnement était sans doute le comble de la folie et de l'impertinence, cela était parfaitement invraisemblable. Mais je préférais être assez sottement vain pour soupçonner une femme que j'aimais, une femme de la condition de madame de Pënâfiel, de jouer pour me tromper une misérable comédie, que de croire cette femme capable de souffrir d'un de ces moments d'affreuse amertume contre lesquels on demande à Dieu aide et protection !

Si j'avais un moment réfléchi que moi, jeune aussi, et vivant aussi de la vie du monde, je ressentais souvent plus qu'un autre de ces chagrins sans cause, l'état de tristesse dans lequel j'avais surpris madame de Pënâfiel m'aurait paru concevable ; mais non, la défiance la plus incarnée, la crainte de passer *pour dupe* en éprouvant un sentiment de compassion pour une douleur qui pouvait être feinte, paralysa chez moi tout raisonnement, tout sentiment généreux.

Ainsi, au lieu de sympathiser avec une peine sans doute véritablement sentie, ne voyant là qu'une comédie, je fis à l'instant ces calculs sots et infâmes sans doute, mais qui dans le moment me parurent vraisemblables, ce qui me les rendit, hélas ! si dangereux.

Par suite de son esprit fantasque, me dis-je, madame de Pënâfiel est peut-être piquée de ce que je ne parais pas m'occuper d'elle, non que mon hommage soit le moins du monde à désirer, mais ses projets en sont peut-être dérangés. La voyant très-assidûment depuis trois mois, je ne lui ai pas même adressé un mot de galanterie, — elle ne paraît avoir aucune affection évidente ; selon le monde, cela ne *peut être vertu, c'est donc mystère.* — Pourquoi ne voudrait-elle pas à la fois et m'utiliser et se venger de mon indifférence affectée, en me faisant servir de manteau pour mieux cacher encore un autre amour... et dérouter ainsi les soupçons du monde? — La route est simple, trouvant madame de Pënâfiel ainsi abattue, je ne puis m'empêcher de m'informer de la cause de ses chagrins, de lui offrir des consolations et de risquer peut-être un aveu qui lui servirait à un dessein dont je serai le jouet. —

Ou bien encore, devinant la tristesse, la mélancolie amère qui souvent m'accable, et dont jamais je ne lui ai parlé, elle feint sans doute ce simulacre de désespoir, afin d'amener des confidences misanthropiques de ma part sur la perte des illusions, les douleurs de l'âme, etc., et autres peines des plus ridicules à avouer, et de se moquer ensuite de mes niais épanchements.

Or, une fois convaincu de cette supposition, je ne trouvai aucune impertinence assez dure, pour prouver à madame de Pënâfiel que je n'étais pas sa dupe.

Encore une fois, rien de plus complétement absurde que ces craintes, que ces arrière-pensées. Maintenant que j'y songe de sang-froid, je me demande comment je n'avais pas seulement réfléchi qu'il fallait que madame de Pënâfiel fût assurée de ma visite ce jour-là, et de l'heure où je me présenterais chez elle, pour *arranger* cette scène; que me prendre pour manteau d'une autre affection la compromettrait tout aussi gravement aux yeux du monde, que si elle affichait la liaison que, selon moi, elle voulait cacher ; puis enfin que le plaisir de rire de chagrins dont j'avais eu le bon sens de ne lui jamais parler, ne valait certes pas la peine d'une dissimulation si longuement et si adroitement combinée ?

Mais lorsqu'il s'agit de folies (et je crois fermement que ma défiance était exaltée jusqu'à la monomanie), les réflexions sages et sensées sont nécessairement celles qui ne nous viennent jamais à l'esprit.

En vain, encore, je m'étais moqué moi-même de ces médisances infâmes, qui de l'incident le plus simple et le plus indifférent en soi parvenaient à construire les imaginations les plus monstrueusement absurdes ; et pourtant, sans réfléchir un instant à l'odieuse inconséquence de mon esprit, j'allais, ce qui était mille fois plus misérable encore que de médire, j'allais calomnier la douleur, chose sainte et sacrée s'il en est ! j'allais abuser d'un secret surpris ! Témoin involontaire d'un de ces grands accès profonds de tristesse intime et cachée, auxquels les âmes souffrantes n'osent s'abandonner que dans la solitude, par une susceptibilité délicate qui est la pudeur du chagrin, j'allais enfin indignement travestir la cause et l'expression de ce désespoir vrai sans doute, qui ne s'adressait qu'à Dieu seul, et qui lui demandait ce que lui seul, hélas! peut donner, espoir et consolation!

Ce fut donc avec une disposition d'esprit singulièrement tournée au sarcasme, et regardant le visage si tristement abattu de madame de Pënâfiel, avec les yeux méchants et hébétés de ce monde, dont je dépassais alors, grâce à ma lâche défiance, les plus noires préventions, que je m'assis d'un air très-sec et très-dégagé vis-à-vis de la causeuse de madame de Pënâfiel, qui s'y était rejetée avec accablement.

Je me souviens de notre entretien presque mot pour mot.

CHAPITRE VII.

L'AVEU.

Madame de Pënâfiel resta quelques minutes pensive et les yeux fixes; puis, semblant prendre une résolution subite, elle me dit avec une familiarité que trois mois d'assiduité pouvaient faire excuser :

« Je vous crois mon ami ?...

— Le plus dévoué et le plus heureux de pouvoir vous en assurer, madame... — répondis-je avec un ton de persiflage auquel madame de Pënâfiel ne prit pas garde.

— Je n'entends pas par ce mot... un ami banal et indifférent, ainsi que l'entend le monde, — me dit-elle ; — non, vous valez, je crois, mieux que cela : d'abord, vous ne m'avez jamais dit une seule parole de galanterie, et je vous en ai su gré, oh ! beaucoup de gré ; vous m'avez ainsi épargné cette espèce de cour insultante que, je ne sais pourquoi, quelques-uns se croient le droit, ou peut-être même... l'obligation de me faire, — ajouta-t-elle avec un sourire amer ; — vous avez eu assez de tact, d'esprit et de cœur pour comprendre qu'une femme, déjà victime d'odieuses calomnies, ne trouve rien de plus offensant que ces hommages méprisants et méprisables qui lui sont toujours un nouvel affront, parce qu'ils semblent s'autoriser des bruits les plus injurieux, comme d'un précédent tout naturel...... Je crois votre esprit tristement avancé et d'une expérience précoce. Je sais que vous voyez beaucoup de monde, mais que vous n'êtes pas du monde quant à ses petites haines et à ses jalousies mesquines ; je crois que vous n'êtes ni fat ni vain, et que vous êtes de ce bien petit nombre d'hommes qui ne cherchent jamais à trouver dans une confidence... autre chose que ce qu'il y a ; je suis sûre que vous ferez la part de l'étrangeté de ma démarche. Et puis d'ailleurs, — ajouta-t-elle avec un air de dignité à la fois grande et triste, qui malgré moi me frappa, — comme une preuve d'extrême confiance de la part d'une femme est une des choses qui honorent le plus un honnête homme, je ne crains pas de m'ouvrir à vous ; d'ailleurs vous êtes généreux et bon, je sais que bien des fois vous m'avez loyalement, bravement défendue, et je suis, hélas ! bien peu accoutumée à cela ; je sais enfin qu'un jour à l'Opéra... Oui, je vous avais entendu, — dit madame de Pënâfiel en remarquant mon étonnement ; — c'est ce qui vous fera comprendre pourquoi j'ai paru aller au-devant de votre admission chez moi, et la réserve que vous avez mise à répondre à cette prévenance m'a donné une haute idée de la dignité de votre caractère ; aussi ai-je besoin d'y croire... ai-je besoin de voir en vous un ami sincère ; car enfin il faut bien que je dise à quelqu'un... — reprit-elle avec un accent déchirant... — que je vous dise à vous... oh oui, à vous... pourquoi je suis la plus malheureuse des femmes ! »

Et elle fondit en larmes en cachant sa figure dans ses deux mains.

Il y eut dans ces mots, dans le regard désolé qui les accompagna, quelque chose de si navrant, que malgré moi je me sentis ému ; mais réfléchissant aussitôt, qu'après tout, cela pouvait être feint pour m'amener à jouer un rôle ridicule, je me hâtai de dire très-sèchement à madame de Pënâfiel que je me croyais digne d'une telle confidence, et que si mon dévouement, mes conseils pouvaient lui être de quelque utilité, je me mettais absolument à ses ordres, — et autres banalités des plus glaciales.

Comme madame de Pënâfiel ne me parut pas s'apercevoir de la froideur cruelle avec laquelle j'accueillais ses plaintes, je vis dans son inattention, que je crus calculée, une résolution dédaigneuse de jouer sans déconcert son rôle jusqu'au bout, et j'en fus misérablement irrité.

Mais maintenant, plus instruit par l'expérience, je m'explique cette inadvertance de madame de Pënâfiel, qui m'avait alors été une preuve si positive et si blessante de sa fausseté.

C'est que la première révélation d'un chagrin longtemps caché cause à l'âme, où il se concentrait douloureusement, un soulagement si ineffable, qu'entièrement sous le charme de cette bienfaisante effusion, on ne songe pas à remarquer l'impression qu'on a produite.

C'est seulement ensuite, lorsque le cœur, déjà moins souffrant, se sent un peu ravivé par ce divin épanchement, que, levant les yeux avec espoir, on cherche dans un regard ami quelques larmes de tendresse et de commisération.

Ainsi quand, après une séparation longue et pénible, deux amis se retrouvent, ce n'est qu'ensuite de l'ivresse des premiers embrassements que chacun pense à chercher sur le visage de l'autre si l'absence ne l'a pas changé.

. . . .

Ce premier pas fait, madame de Pënâfiel continua donc en passant sa main sur ses yeux humides de larmes :

« Vous expliquer pourquoi je me sens une confiance si extraordinaire en vous, me sera, je crois, facile... Je vous le répète, je sais que si vous m'avez souvent défendue contre la calomnie, jamais vous ne vous êtes fait auprès de moi une sorte de droit de cette noble conduite ; enfin, l'espèce d'isolement dans lequel vous vivez, bien qu'au milieu du monde, votre réserve, votre esprit supérieur qui n'est pas celui des autres, qui est tout entier à vous, qualités et défauts, tout me porte à voir en vous un ami sincère et généreux à qui je pourrai dire ce que je souffre...

Sans m'émouvoir je répondis à madame de Pënâfiel qu'elle pouvait compter sur ma discrétion, d'ailleurs profonde et à toute épreuve, autant par le sentiment du secret que parce que je n'avais personne à qui confier quelque chose. Car, en un mot, — lui dis-je, — on ne commet guère d'indiscrétion qu'avec ses amis intimes, or je ne crois pas qu'on puisse m'en reprocher un ?

— Et c'est cela, — me dit-elle, — qui m'a donné le courage de vous parler comme je vous parle ; car j'ai supposé que vous aussi, vous viviez seul, chagrin et isolé au milieu de tous, comme j'y vis moi-même enfin ! car moi non plus, je n'ai pas d'amis...! on me hait, on me calomnie affreusement! Et pourquoi, mon Dieu ? l'ai-je donc mérité ? pourquoi le monde est-il injuste et si cruel à mon égard? à qui ai-je fait du mal! Ah! si vous saviez!... si je pouvais tout vous dire!!

Cette plainte me parut d'un enfantillage si ridicule, ces réticences si misérablement calculées pour exciter mon intérêt, que, d'un air très-dégagé, je me mis à faire au contraire l'apologie du monde.

— Puisque vous me permettez de vous parler en ami, madame, laissez-moi vous dire qu'il ne faut pas, non plus, trop déchirer le monde. Demandez-lui ce qu'il peut et doit en conscience vous donner : des fêtes, du bruit, du mouvement, des hommages, des sourires, des fleurs, des salons dorés ; avec cela, la morale la plus large et la plus commode qu'on puisse désirer. Or, s'il donne tout cela, et avouez qu'il le donne, ne fait-il pas tout ce qu'il peut... tout ce qu'il doit... ce pauvre monde! qu'on attaque incessamment, et auquel on ne peut reprocher que de trop prodiguer ses trésors?

— Mais vous savez bien que tout cela ment? Ces sourires, ces hommages, ces prévenances, cet accueil, tout cela est faux... vous le savez bien! Si vous recevez, quand la dernière visite sort de chez vous, vous dites... Enfin!!! Si vous allez chez les autres, dès que vous touchez votre seuil, vous dites encore... Enfin!!!

— Dieu merci, madame, — répondis-je, sans vouloir comprendre madame de Pënâfiel, qui commençait à être surprise de ma subite conversion *aux bonheurs* du monde; — je ne dis pas, je vous le jure, *enfin!* d'un air aussi désespéré, ni vous non plus, permettez-moi de le croire. Si je dis *enfin!* c'est en rentrant chez moi avec la lassitude du plaisir, dont, je le répète, le monde est seulement trop prodigue. Quant à ce que vous appelez sa fausseté, ses mensonges, mais il me semble qu'il a grand'-raison de ne pas changer ses dehors toujours riants, gracieux et faciles, pour d'autres dehors qui seraient horriblement ennuyeux. D'ailleurs il ne ment pas; il ne donne ses relations ni pour solides ni pour vraies; parlez-lui sa langue, il vous répondra. Ce n'est pas lui qui est égoïste et absolu, c'est vous. Pourquoi vouloir substituer à ces apparences toujours charmantes, et qui lui suffisent de reste, vos prétentions à l'amitié romanesque? à ces amours sans fin, qui le rendraient maussade, et dont il n'a que faire? Confiez-vous à lui, entrez franchement dans son enivrant tourbillon, et il vous rendra la vie légère, éblouissante et rapide. S'il vous calomnie aujourd'hui, qu'importe ! demain un autre bruit fera oublier sa médisance de la veille. Et d'ailleurs, voyez s'il croit lui-même aux calomnies qu'il répand? Vous est-il moins soumis? est-il moins à vos pieds? non. Alors pourquoi donc attacher à ses folles paroles plus d'importance qu'il n'en attache lui-même? *Jouir et laisser jouir*, c'est sa devise ; elle est assez commode je pense : que lui vouloir de plus ?

Madame de Pënâfiel continuait à me regarder avec un profond étonnement. Pourtant croyant sans doute beaucoup plus aux mille conversations sérieuses que j'avais eues avec elle à ce sujet, qu'à la soudaine légèreté que j'affectais alors, elle ajouta :

— Mais, quand à l'étourdissement des plaisirs du monde a succédé le calme, la réflexion, et qu'analysant ses joies on en reconnaît enfin toute la désolante vanité, que faire ?

— Je suis désespéré, madame, de ne pouvoir vous le dire ; je jouis, et j'espère jouir longtemps et mieux que pas un, de ces plaisirs que vous semblez dédaigner ; aussi ne puis-je croire que jamais ils me semblent pesants ; car c'est justement la fragilité, la facilité, la légèreté des liens du monde qui me les rendent précieux ! Pardon « de l'outrageuse bêtise de ma comparaison, » comme dirait lord Falmouth, mais si jamais l'image si surannée de *chaînes de fleurs* a été justement appliquée, c'est bien à propos des relations du monde, aussi fleuries, aussi gaies qu'elles sont peu durables et peu incommodes. Mais c'est surtout l'amour, ainsi que l'entend le monde, qui me ravit, madame ! Ne trouvez-vous pas que cet amour est l'histoire du phénix, qui sans cesse renaît de lui-même, toujours plus doré, plus empourpré, plus azuré ? Tout, dans cet amour, n'est-il pas charmant ? tout ! jusqu'à ses cendres, pauvres débris de lettres amoureuses qui sont encore un parfum ? Ne trouvez-vous pas enfin délicieux que, dans ce monde adorable, l'amour suive chez chacun la loi d'une divine métempsycose ? Car, s'il meurt aujourd'hui d'une vieillesse d'un mois, demain ne revit-il pas plus jeune, plus luxuriant que jamais, sous une autre forme, ou plutôt.... *pour* une autre forme ?

Madame de Pënâfiel ne pouvait encore comprendre pourquoi j'affectais une pareille légèreté, alors qu'elle venait de me confier si tristement ses douleurs. Je suivais sur son visage les diverses et pénibles impressions que lui causaient mes insouciantes paroles. Elle crut d'abord que je raillais ; pourtant, je continuai de parler d'un air si dégagé, si impertinemment convaincu, que bientôt, ne sachant que penser, elle me dit en me regardant d'un air stupéfait et presque avec un accent de reproche :

— Ainsi, vous êtes heureux !

— Parfaitement heureux, madame, et jamais la vie mondaine ne m'apparut sous un fantôme plus radieux et plus séduisant.

Madame de Pënâfiel attacha quelques moments sur moi ses grands yeux étonnés, et me dit ensuite d'un ton très-ferme et très-décidé : — Cela n'est pas... vous n'êtes pas heureux... il est impossible que vous soyez heureux !..... Je le sais... avouez-le... et alors je pourrai vous dire... — Puis elle s'arrêta, baissa les yeux comme si elle eût encore retenu un secret prêt à lui échapper.

— Si cela peut vous être le moins du monde agréable, madame, — repris-je en souriant, — je m'empresse de me déclarer à l'instant le plus infortuné, le plus mélancolique, le plus ténébreux, le plus désillusionné des mortels ; et désormais je ne prononcerai plus que ces mots : anathème et fatalité !

Après m'avoir quelques moments regardé

avec un étonnement inexprimable, madame de Pënâfiel dit, comme si elle se fût parlé à elle-même : — Me serais-je donc trompée ?... — Puis elle reprit : — Mais non, non, cela est impossible !... Est-ce que si vous étiez heureux et indifférent comme vous affectez de le paraître, l'instinct ne m'en aurait pas avertie ? Est-ce que je serais venue exposer ma douleur et peut-être mes confidences à être méconnues, raillées ? Non, non, mon cœur me l'a bien dit, c'est à un ami que je parle ! à un ami qui aura pitié de moi, parce qu'il souffre aussi !

Cette singulière persistance de madame de Pënâfiel à me vouloir faire avouer des chagrins ridicules, pour s'en moquer sans doute, m'étonna moins encore qu'elle ne m'irrita ; pourtant, je me contins.

— Mais encore une fois, madame, pourquoi vous opiniâtrer ainsi à me voir, ou plutôt à me croire si malheureux ?

— Pourquoi ?... pourquoi ?... — me dit-elle avec une sorte d'impatience douloureuse, — parce qu'il est certaines confidences que l'on ne fait jamais aux gens heureux ; parce que, pour comprendre l'amertume de certaines peines, il faut qu'il y ait une sorte d'harmonie entre l'âme de celui qui se plaint et l'âme de celui qui écoute la plainte ; parce que si je vous avais cru insouciant, léger, heureux enfin de cette existence frivole, dont vous vantiez tout à l'heure les charmes, jamais je n'aurais songé à vous dire... ce qui me rend si malheureuse, à vous confier un secret qui vous expliquera peut-être une vie qui doit vous avoir paru jusqu'ici bizarre, fantasque, incompréhensible ; jamais enfin, je n'aurais songé à vous confier, comme à l'ami le plus vrai, le plus dévoué, comme à un frère enfin, la cause de ce chagrin qui m'accable.

Au point de méfiance où j'étais arrivé, ces mots d'*ami,* de *frère,* me firent tout à coup venir à l'esprit, une autre idée. Me rappelant alors les réticences de madame de Pënâfiel et mille incidents qui, jusqu'à ce moment, ne m'avaient pas frappé ; pensant que ce chagrin sans nom, ce dégoût de tout et de tous, cet ennui du monde, dont elle se plaignait si amèrement, ressemblait fort à la désespérante réaction d'un amour malheureux ; je crus que madame de Pënâfiel aimait avec passion, que ses sentiments étaient méconnus ou dédaignés, et que je lui paraissais assez sans conséquence pour devenir le discret confident de sa peine et de son délaissement.

Cette dernière hypothèse, en éveillant dans

mon cœur la plus âpre, la plus mortelle jalousie, me révéla toute l'étendue de mon amour pour madame de Pënâfiel, et aussi tout le ridicule du nouveau rôle que je jouerais auprès d'elle, si ce soupçon était fondé.

J'allais lui répondre lorsqu'elle fit un mouvement qui, dérangeant les plis de sa robe, découvrit, à ses pieds, sur le tapis, un médaillon tombé probablement de l'armoire de Boule qu'elle avait si brusquement fermée à mon arrivée, pour cacher le crucifix et sans doute ce médaillon. C'était un portrait d'homme ; mais il me fut impossible d'en reconnaître les traits.

Je n'eus plus alors d'incertitude ; toutes mes autres arrière-pensées s'évanouirent devant cette preuve si évidente de la fausseté de madame de Pënâfiel ; alors aigri, torturé par les mille sentiments de jalousie, de colère, de haine, d'orgueil blessé, qui me transportèrent, je me levai, et lui dis avec le plus grand sang-froid :

— Vous êtes mon amie, madame ?

— Oh ! la plus dévouée, la plus sincère, — reprit-elle avec une expression de reconnaissance qui éclaira ses traits, jusqu'alors assombris par ma froideur.

— Je puis donc vous parler avec la plus entière franchise ?...

— Parlez-moi comme à une sœur! — me dit-elle en me tendant la main, souriante et heureuse sans doute de me voir enfin en confiance avec elle.

Je pris cette belle main, que je baisai ; — puis je repris :

— Comme à une sœur ?... comme à une sœur, soit ; car, dans toute cette divertissante comédie, vous me destiniez le rôle d'un frère honorablement niais qui s'apitoie et se lamente sur les amours méprisés de sa sœur.

Madame de Pënâfiel me regarda stupéfaite ; ses yeux étaient fixes ; ses mains retombèrent sur ses genoux ; elle ne trouva pas une parole. — Je continuai.

— Mais il ne s'agit pas encore de cela ; je vais vous dire d'abord... en ami, les diverses convictions qui, grâce à la connaissance que je crois avoir de la franchise de votre caractère, se sont succédé dans mon esprit, depuis votre délicieuse prosternation au pied du crucifix. Quant à cette charmante pantomime, je dois dire que vous avez posé à ravir et tout à fait en artiste... Vos yeux éplorés et levés au ciel, vos mains jointes, votre accablement, vos larmes retenues, tout cela était feint à merveille ; aussi, ne croyant pas du tout à vos chagrins, mais croyant fort à votre talent pour la mystification, talent qui se révélait, à moi, si adroit et si complet... je voulus voir, madame, la comédie jusqu'au bout.

— Une comédie ! — répéta madame de Pënãfiel, n'ayant pas l'air de comprendre mes paroles.

— Une mystification, madame, dont je pensais devoir être l'objet ridicule, si j'avais été assez sot pour vous offrir des consolations de cœur, ou vous faire de dolentes confidences, sur la mélancolie, la misanthropie, le désillusionnement de toutes choses, et autres douleurs grotesques qui, selon vous, devaient m'accabler.

— Tout cela est sans doute odieux, — me dit madame de Pënãfiel, comme étourdie par un coup imprévu ; — tout cela m'épouvante... et pourtant je ne comprends pas...

— Je vais donc parler plus clairement, madame ; en un mot, les confidences que vous me demandiez devaient, selon moi, servir à divertir vos amis, auxquels vous les eussiez racontées avec cette charmante malice qui vous a si bien réussi lorsque vous m'avez raconté à moi-même... la déclaration de mariage de M. de Cernay.

— Mais c'est affreux, ce que vous dites là!
— s'écria-t-elle en joignant les mains avec
effroi; — vous pouvez croire?...

— Oui, j'avais d'abord cru cela, mais depuis vos derniers aveux de dégoût du monde,
de chagrins sans nom, qu'il m'est à cette heure
très-facile de qualifier, j'ai reconnu, madame,
que le second rôle que vous me destiniez était
encore plus sot que le premier; car après tout,
dans le premier, j'amenais une femme de
votre condition à jouer les semblants destinés à
me mystifier, et puis tout cela était si amusant,
si bien joué, que je me trouvais presque fier
de servir au développement et à l'application
de vos rares qualités pour la bouffonnerie sérieuse.

— Monsieur, — s'écria madame de Pénâfiel
en se levant droite et fière, — songez-vous bien
que c'est à moi que vous parlez?

— Mais changeant subitement d'accent et
joignant les mains : — C'est à en perdre la
raison! Je vous supplie de m'expliquer ce que
cela signifie, que voulez-vous dire? Pourquoi
aurais-je feint? quel est le rôle que je voulais
vous faire jouer? Ah! par pitié, ne flétrissez
pas ainsi le seul moment de confiance, d'en-

traînement involontaire que j'ai eu depuis bien longtemps... Si vous saviez !...

— Je sais, — dis-je avec l'expression la plus dure et la plus insultante, tout en m'approchant assez de madame de Pënàfiel pour pouvoir appuyer mon pied sur le médaillon et le briser, — je sais, madame, que si j'étais femme, et que mon amour fût méprisé par un homme, je mourrais plutôt de honte et de désespoir que de venir conter au premier venu, qui ne s'en soucie guère, des aveux aussi humiliants, aussi burlesques, de la part de celle qui les fait, que révoltants à force de ridicule pour celui qui est obligé de les écouter.

— Monsieur... quelle audace... qui peut vous faire croire?...

— Ceci! — dis-je en lui montrant d'un regard de mépris le portrait toujours à ses pieds; puis, appuyant le bout de ma botte sur le médaillon, je le pressai assez pour que le verre éclatât.

— Sacrilége !!! — s'écria madame de Pënàfiel en se baissant avec vivacité pour s'emparer du portrait qu'elle serra dans ses deux mains jointes, en me regardant avec des yeux étincelants de courroux et d'indignation.

— Sacrilége soit, car je traite cette divinité là absolument comme elle vous traite, madame !

Puis, saluant profondément, je sortis.

CHAPITRE VIII.

CONTRADICTIONS.

Après cette entrevue, mon dépit et ma jalousie furent pendant quelques heures d'une si épouvantable violence, que je regrettai de ne m'être pas montré plus cruel et plus insolent encore envers madame de Pënâfiel....

. . . .

Aux transports douloureux qui m'agitaient, je reconnus toute la vivacité de mon amour pour elle, amour dont je n'avais pas jusque-là mesuré la profondeur.

Ce médaillon que j'avais découvert était à mes yeux une preuve trop évidente de la probabilité de mes derniers soupçons, pour que je pusse encore ajouter foi aux défiances qui m'avaient d'abord aigri. Ainsi je ne croyais plus que madame de Pënâfiel eût voulu m'amener à lui faire des confidences pour s'en moquer.

Je pensais qu'un autre refusait, méprisait, outrageait peut-être un sentiment qu'à cette heure j'aurais payé du sacrifice de ma vie.

Puis, le calme de la raison succédant aux émotions tumultueuses de l'âme, je réfléchis bientôt plus froidement à la réalité de ma position envers madame de Pënâfiel; jamais je ne lui avais dit un mot de l'affection que je ressentais pour elle, pourquoi donc m'étonner de la confidence et du secret que je croyais avoir surpris?

Pourquoi traiter si méchamment une femme qui, souffrant peut-être d'une peine et d'un amour incurables, ignorant d'ailleurs mes sentiments pour elle, et comptant sur la générosité de mon caractère, venait me demander, sinon des consolations, du moins de l'intérêt et de la pitié?

Mais ces réflexions nobles et sages ne rendaient pas mon chagrin moins amer, ma jalousie moins inquiète. Quel était cet homme dont j'avais voulu briser l'image? Depuis longtemps je venais assidûment chez madame de Pënâfiel, et pourtant personne ne m'avait paru devoir être l'objet de cette passion méconnue que je lui supposais.

Sa douleur, ses regrets dataient donc de

plus loin? je m'expliquais alors mille singularités jusque-là incompréhensibles pour moi, et si diversement interprétées par le monde, ses brusques silences, son ennui, son dédain de tous et de tout, et parfois pourtant ses joies vives et soudaines qui semblaient éclater à un souvenir, puis s'éteindre tout à coup dans le regret ou le désespoir. Sa coquetterie de manières si gracieuse et si continuelle avait alors un but; mais quand ce mystérieux personnage pouvait-il jouir de la vue de tant de charmes? En vain je cherchais le mot de cette énigme, en me rappelant les réticences de sa dernière conversation, et son embarras dès qu'elle avait été sur le point sans doute de me dire le secret qui l'oppressait.

Mais quel était, et quel pouvait être l'objet de cette passion si fervente et si malheureuse? de cet amour qui depuis quelques semaines surtout paraissait lui causer une peine plus profonde encore?

Me sentant aimer madame de Pënâfiel ainsi que je l'aimais, devais-je essayer de lui offrir de tendres consolations? Pouvais-je espérer d'affaiblir un jour dans son cœur le souvenir déchirant de cette affection : réussirais-je! l'oserais-je! — Torturée par des regrets désespérés, cette âme aussi noble que délicate devait être d'une susceptibilité de douleur si ombrageuse, si farouche, que, de crainte de la blesser à jamais, je ne pouvais sans les ménagements les plus extrêmes lui parler d'un meilleur avenir.

Et pourtant, en venant me demander de m'apitoyer sur ses souffrances, n'avait-elle pas compris, avec un tact exquis et rare, qu'en vous frappant, certains malheurs épouvantables vous revêtent pour ainsi dire d'une dignité si triste et si majestueuse, qu'elle impose aux plus dévoués, aux plus aimants, un respectueux silence... et que les victimes de cette royauté de la douleur sont, comme les autres princes, obligées de parler les premières et de dire : Venez à moi, car mon infortune est grande?

. . . .

Mais quelle espérance pouvais-je concevoir, alors même que madame de Pënâfiel aurait cédé à un secret penchant en s'adressant à moi avec tant de confiance? Mon langage avait été si brutal, si étrange, qu'il m'était impossible d'en prévoir les suites.

Cependant, quelquefois l'excès même de mon insolence me rassurait. Évidemment mes réponses avaient été trop insultantes, trop folles;

elles contrastaient trop avec mes antécédents envers madame de Pënâfiel, pour ne lui pas sembler incompréhensibles. Ayant la conscience de ce qu'elle valait, entourée d'égards et de flatteries, elle devait se trouver plus stupéfaite encore que blessée de mes procédés, et chercher, sans y parvenir, le mot de cette énigme.

Aussi, je ne sais si les regrets ou l'espoir me firent penser ainsi; mais, bien que j'éprouvasse une grande honte de mon impertinence, je finis par me persuader que l'outrageuse dureté de ma conduite, loin de me nuire, pourrait peut-être me servir, et que je l'aurais calculée, qu'elle n'eût pas été plus habilement résolue.

Dans toute affaire de cœur, l'important, je crois, est de frapper vivement et d'occuper l'imagination; pour arriver à ce but, rien de plus puissant que les contrastes, aussi est-il surtout nécessaire que l'impression que vous causez diffère essentiellement des impressions jusque-là reçues, lors même qu'il vous faudrait plus tard, à force de charme, de dévouement et d'amour, en faire oublier la réaction, si d'abord elle avait été douloureuse.

Une femme est-elle ordinairement peu entourée, peu flattée ; les soins les plus extrêmes, les attentions les plus délicates, les plus recherchées, s'emparent généralement de son esprit, et peu à peu de son cœur, sa vanité jouissant avec délices de ces mille prévenances respectueuses et tendres auxquelles jusqu'alors elle avait été si peu habituée. — Ainsi s'expliquent souvent les succès merveilleux de quelques hommes d'un âge plus que mûr, mais d'une grande finesse et d'une rare persistance, qui finissent par dominer absolument quelques jeunes filles ou de très-jeunes femmes.

Une femme est-elle, au contraire, haut placée, continûment et bassement adulée ; des manières dures et dédaigneuses agissent quelquefois sur elle avec une singulière puissance. — Peut-être enfin faut-il un peu traiter de telles femmes, ainsi que les courtisans habiles traitent souvent les princes : avec rudesse et brusquerie. Au moins ce nouveau et hardi langage, s'il ne leur plaît pas d'abord, les frappe, les étonne et quelquefois les domine ; car ce contraste heurté, tranchant avec les fades et banales redites de tous les jours et de tous les hommes, est souvent loin de nuire à celui qui l'a osé.

Afin d'appliquer ces réflexions à ma position, je me disais : — La dureté, le dédain avec lesquels j'ai accueilli les confidences de madame de Pënâfiel, ma colère à la vue du portrait qu'elle me cachait, s'expliqueront par la vivacité de mon amour qu'elle a sans doute deviné; or, après tout, les emportements causés par un tel motif sont toujours excusables, et surtout aux yeux de la femme qui en est l'objet, et puis, comme elle est noble et généreuse, elle comprendra ce que j'ai dû souffrir lorsque j'ai cru qu'elle allait m'entretenir de ses chagrins de cœur.

Souvent aussi, par une contradiction bizarre, pensant que je pouvais m'abuser complétement en croyant madame de Pënâfiel sous l'influence d'un amour dédaigné, mes premiers soupçons me revenaient à l'esprit; je me demandais alors ce qui avait pu les détruire. Ce portrait même ne pouvait-il pas être un des accessoires de cette comédie que je l'accusais de jouer?

Puis, je le répète, n'ayant qu'une méchante et triste opinion de mon mérite, encore aggravée par la conscience de mes dernières duretés, je ne pouvais croire avoir inspiré à madame de Pënâfiel ce sentiment d'attraction qui semblait l'entraîner vers moi, et je cherchais à m'expliquer son apparente confiance, en lui prêtant les arrière-pensées les plus misérables.

Alors ma colère revenait plus haineuse, et je m'applaudissais de nouveau de mon insolence.

Au milieu de ces hésitations, de ces anxiétés, de cette fièvre d'inquiétude et d'angoisse, je reçus le billet suivant de madame de Pënàfiel :

Je vous attends... venez... il le faut... venez à l'instant même... M.

Il était neuf heures, je me rendis aussitôt chez elle, presque fou de joie : elle demandait à me voir, je pouvais encore tout espérer.

CHAPITRE IX.

MARGUERITE.

. . . .

Lorsque j'entrai chez madame de Pënàfiel, une chose me frappa du plus profond étonne=

ment : ce fut de la retrouver presque dans la même attitude où je l'avais laissée.

Son visage était d'une pâleur mate et unie, effrayante à voir; on eût dit un masque de marbre.

Cette blancheur maladive si vite répandue sus ses traits, cette expression de douleur, à la fois vive et résignée, m'émurent alors si profondément, que tous mes calculs, tous mes raisonnements, tous mes soupçons misérables s'évanouirent; il me sembla l'aimer pour la première fois du plus confiant et du plus sincère amour. Je ne pensai pas même à lui demander grâce pour tout ce qu'il y avait eu d'odieux dans ma conduite.

A cette heure, je ne croyais pas à ce funeste passé; par je ne sais quel prestige, oubliant la triste scène du matin, il me sembla que je la devais consoler d'un affreux chagrin auquel j'étais étranger; j'allais enfin me mettre à ses genoux, lorsqu'elle me dit d'une voix qui me fit mal, tant elle me parut douloureusement altérée, malgré l'accent de fermeté qu'elle tâcha de lui donner : — J'ai voulu vous voir une dernière fois... j'ai voulu, si vous pouvez vous les expliquer à vous-même, vous demander le sens des étranges paroles que vous m'avez dites ce matin; j'ai enfin voulu vous apprendre... —

Ici, ses pauvres lèvres, en se contractant, tremblèrent agitées par ce léger mouvement involontaire, presque convulsif, qu'elles éprouvent lorsque les larmes venant aux yeux on veut comprimer ses sanglots. — J'ai voulu.... — répéta donc madame de Pënâfiel d'une voix éteinte. Puis, ne pouvant continuer, interrompue par ses pleurs, elle cacha sa tête dans ses mains, et je n'entendis que ces mots prononcés d'un accent déchirant et étouffé : — Ah !... pauvre malheureuse femme que je suis !

. . . .

— Oh, pardon.... pardon, Marguerite ! — m'écriai-je en tombant à ses pieds ; — mais vous ne saviez pas que je vous aimais... que je vous aime !!...

— Vous m'aimez ?

— Avec délire, avec ivresse !

— Il m'aime !! il ose me dire qu'il m'aime !... — reprit-elle d'un air indigné.

— Ce matin ! le secret de mon âme est venu vingt fois sur mes lèvres ; mais en vous voyant si malheureuse... en recevant vos confidences si désespérées...

— Eh bien ?...

— Eh bien !... j'ai cru, oui, j'ai cru qu'un

autre amour méconnu, dédaigné, outragé peut-être, causait seul ces chagrins que vous disiez sans cause.

— Vous avez pu croire cela... vous !... — Et elle leva les yeux au ciel.

— Oui, j'ai cru cela... alors je suis devenu fou de haine, de désespoir ; car chacune de vos confidences m'était une blessure, une insulte... un mépris... à moi ! à moi qui vous aimais tant !

— Vous avez pu croire cela... vous !... — répéta Marguerite en me regardant avec une pénible émotion, tandis que deux larmes coulaient lentement sur ses joues pâles.

— Oui... et je le crois encore...

— Vous le croyez encore !... Mais !... vous me prenez donc pour une infâme ? Mais vous ne savez donc pas ?...

— Je sais, — m'écriai-je en l'interrompant, — je sais que je vous aime comme un insensé... je sais qu'un autre vous fait souffrir peut-être ce que moi-même je souffre pour vous !... Eh bien ! cette pensée me désespère, me tue... et je pars...

— Vous partez ?...

— Ce soir... Je ne voulais plus vous voir.... j'avais besoin de tout mon courage... je l'aurai...

— Vous partez !... Mais, mon Dieu !... mon

Dieu... *et moi !!* — s'écria Marguerite. Et elle joignit les mains avec un geste à la fois suppliant et désespéré, en tombant à genoux sur une chaise placée devant elle.

. . . .

. . . .

Je ne saurais dire l'ivresse que me causèrent ces derniers mots de Marguerite... *et moi !*

Je crus entendre, non l'aveu de son amour, mais le cri de son âme déchirée qui n'avait plus d'espoir que dans mon affection. Bien que je la crusse toujours sous l'influence d'une passion dédaignée, je n'eus pas le courage de renouveler la scène du matin, pourtant je ne pus m'empêcher de lui dire douloureusement :

— Et ce portrait ?...

— Le voici... — reprit-elle en me présentant le médaillon sous son cristal à moitié brisé.

Lorsque je tins ce portrait entre les mains, j'éprouvai un moment d'angoisse indéfinissable ; j'avais peur de jeter les yeux sur cette figure que sans doute je connaissais ; pourtant, surmontant cette crainte puérile, je regardai... Ces traits m'étaient absolument étrangers ; je vis un noble et beau visage, d'une expression douce et grave à la fois ; les cheveux étaient bruns, les yeux bleus, la physionomie remplie de finesse et de grâce, les vêtements fort simples, et seulement rehaussés par un grand cordon orange à lisérés blancs, et par une plaque d'or émaillée placée à gauche de l'habit.

— Et ce portrait ?... — dis-je tristement à Marguerite.

— C'est celui de l'homme que j'ai le plus aimé, le plus respecté au monde; c'est enfin celui... de M. de Pënâfiel...

Et elle fondit en larmes en mettant ses deux mains sur ses yeux.

. . . .

Je compris tout alors... et je crus que j'allais mourir de honte... et de remords...

Ce seul mot me dévoilait le passé et toute l'affreuse injustice de mes soupçons : — Ah ! combien vous devez me mépriser, me haïr !... — lui dis-je avec un accablement douloureux.

Elle ne me répondit rien, mais me donna sa main que je baisai à genoux, peut-être avec plus de vénération encore que d'amour !

Marguerite se calma peu à peu. De ma vie je n'oublierai son premier regard lorsqu'elle leva sur moi ses yeux encore baignés de larmes, ce regard qui peignait à la fois le reproche, le pardon et la pitié.

— Vous avez été bien cruel, ou plutôt bien

insensé, — me dit-elle après un long silence, — mais je ne puis vous en vouloir. J'aurais dû tout vous dire; vingt fois je l'ai voulu, mais une insurmontable crainte, votre air ironique et froid, votre subite et incompréhensible conversion aux bonheurs du monde... tout enfin m'a glacée...

— Ah ! je le crois, je le crois ; aussi pourrez-vous me pardonner jamais ! Mais oui, vous me pardonnerez, n'est-ce pas ? vous me pardonnerez quand vous penserez à ce que j'ai dû souffrir des odieux soupçons qui me désolaient. Ah ! si vous saviez comme la douleur rend injuste et haineux ! si vous saviez ce que c'est que de se dire :... Moi, je l'aime avec idolâtrie ; il n'y a pas dans son esprit, dans son âme, dans sa personne un charme, une grâce, une nuance que je n'apprécie, que je n'admire qu'à genoux; elle est pour moi au-dessus de tout et de toutes... et pourtant un autre!!... Ah ! tenez, voyez-vous, cette idée-là est à mourir... Pensez-y... et vous aurez pitié, et vous comprendrez, vous excuserez mes emportements, dont j'oserais presque ne pas rougir... tant j'ai souffert !

— Ne vous ai-je pas pardonné en vous disant : *revenez !* après cette affreuse matinée ? — me dit-elle avec une ineffable bonté...

— Oh! ma vie, ma vie entière expiera ce moment de folie, de vertige. Marguerite, je le jure, vous aurez en moi l'ami le plus dévoué, le frère le plus tendre ; seulement, laissez-moi vous adorer, laissez-moi venir contempler chaque jour en vous ce trésor de noblesse, de candeur et de grâce, qu'un instant j'ai pu méconnaître... Vous verrez... si je suis digne de votre confiance...

— Oh! maintenant je le crois, aussi vous allez tout savoir ; oui, je me sens mieux, vous me rassurez sur moi et sur vous ; je vais enfin tout vous dire, vous dire ce que je n'ai osé ni voulu confier à nul autre ; et pourtant n'allez pas croire, — ajouta-t-elle avec un triste et doux sourire, — qu'il s'agit d'un secret bien extraordinaire... Rien de plus simple que ce que vous allez entendre, c'est seulement la preuve de cette vérité : — Que si le monde pénètre presque toujours les sentiments faux et coupables, jamais il ne se doute un instant des sentiments naturels, vrais et généreux.

— Ah! quelle honte... quels remords pour moi... d'avoir partagé tant de stupides et méchants préjugés ! Pourquoi n'ai-je pas toujours écouté l'instinct de mon cœur qui me disait : crois en elle ! Avec quel orgueilleux bonheur, seul peut-être, j'aurais lu dans votre âme si noble et si pure :

— Consolez-vous, mon ami, c'est moi qui vais vous y faire lire; n'est-ce pas vous prouver que j'ai en vous plus de confiance que vous n'en avez vous-même? Si je veux tout vous dire... n'est-ce pas vous montrer enfin que vous êtes peut-être la seule personne à l'estime de laquelle je tienne? Aussi, en vous expliquant l'apparente singularité de ma vie, si dénaturée par la médisance, j'espère, je désire, je veux à l'avenir pouvoir penser tout haut devant vous. Mais cet aveu exige quelques mots sur le passé ; écoutez-moi donc, je serai brève parce que je serai vraie. Très-riche héritière, libre de mon choix, gâtée par les hommages qui s'adressaient autant à ma fortune qu'à ma personne, à dix-huit ans je n'avais rien aimé. Dans un voyage que je fis en Italie avec monsieur et madame de Blémur, M. de Pënâfiel me fut présenté. Quoique fort jeune encore, il était ambassadeur d'Espagne à Naples dans des circonstances politiques fort difficiles ; c'est vous dire assez la supériorité de son esprit : joignez à cela ces traits, — et elle me montra le médaillon, — un charme d'entretien extraordinaire, une rare solidité de principes, une extrême noblesse de caractère, un goût parfait, des connaissances nombreuses, un tact exquis dans tous les arts, un nom illustre, une grande fortune, et vous le connaîtrez. Je le vis, je l'appréciai, je l'aimai. Rien de plus simple que les incidents de notre mariage; car toutes les convenances se trouvaient réunies. Seulement, quelque temps après notre première entrevue, il me supplia de lui dire si je l'autorisais à demander ma main, désirant, bien que je fusse absolument libre de mon choix, de m'éviter jusqu'à l'ennui d'une démarche inopportune de la part de mon oncle. Je lui dis naïvement la joie que me causerait sa demande, mais qu'à mon tour j'avais une prière à lui faire, c'était de quitter une carrière qui devait toujours l'éloigner de la France, et de me promettre d'abandonner l'Espagne. Sa réponse fut noble et franche. — Je puis, me dit-il, vous sacrifier avec bonheur mes rêves d'ambition, mais non les intérêts de mon pays. Une fois ma mission accomplie, je retournerai à Madrid remercier le roi de sa confiance, lui rendre compte, je l'espère, du succès de ma négociation, et puis je serai absolument à vous, à vos moindres désirs. — Il agit ainsi qu'il me l'avait dit : il obtint ce que voulait son gouvernement, alla faire à Madrid ses adieux au roi, revint, et nous fûmes mariés. Je ne vous parlerai qu'une fois de mon bonheur pour vous dire qu'il fut immense et partagé... Mais, comme aux yeux du monde les convenances de cette union étaient, je vous l'ai dit, aussi parfaites que possible, le monde ne voulut voir là qu'un mariage absolument de convenances.

— Cela est vrai, c'est du moins ce que j'ai toujours entendu dire ; on ajoutait même que, tout en restant dans les meilleurs termes avec M. de Pënâfiel, votre existence était, ainsi que cela arrive souvent, presque étrangère à la sienne.

— Tel faux, hélas! tel absurde que fût ce bruit, il devait avoir créance; car notre bonheur était si simple et si naturel, que le monde, presque toujours étranger aux sentiments vrais, ne pouvait y croire; puis, nous mettions naturellement, d'ailleurs, une sorte de mystère dans notre félicité : ainsi, comment la société, habituée à vivre de médisance ou de scandale, pouvait-elle un moment supposer qu'une jeune femme et un mari charmant, tous deux d'une position et d'une naissance égales, iraient s'adorer et vivre absolument l'un pour l'autre? Hélas! rien n'était plus vrai pourtant...

— Vous ne sauriez croire maintenant comment tout s'explique à ma pensée? Vous rappelez-vous cette interprétation si absurde et si méchante de cette course où assistait Ismaël?

— Sans doute.

— Eh bien! votre mariage fut interprété avec autant de perfidie. Comme rien n'était plus évidemment irréprochable que votre conduite, la calomnie vous arrangea une vie mystérieuse, souterraine, profondément dissimulée; c'était, je vous l'assure, incroyable à entendre. Il ne s'agissait rien moins que de déguisements, de petite maison, que sais-je?

— Si je n'étais pas si triste, je sourirais avec vous, mon ami, de tant de folles méchancetés; mais j'arrive à un moment de mes souvenirs si cruel... si affreusement douloureux, — et elle me tendit la main, — que j'ai besoin de tout mon courage... Après trois années de la vie la plus complétement, la plus passionnément heureuse... après...

Mais ne pouvant continuer, Marguerite fondit en larmes, et fut quelques moments sans parler...

— Oui, oui, je sais, — lui dis-je en me mettant à ses genoux, — je sais combien vous vous êtes montrée admirable et dévouée dans cet affreux moment. Maintenant que je connais votre âme, maintenant que je connais celui qui la remplissait, qui la remplit encore de tout son souvenir, je comprends ce qu'il dut y avoir, ce qu'il y a de terrible pour vous dans cette séparation éternelle ! »

Après quelques moments de silence, Marguerite reprit : « Oh! merci, merci à vous! de me comprendre ainsi!! Mon Dieu! depuis ce moment épouvantable, voici la première fois que mes larmes ne me sont point amères, car je puis épancher mon cœur, dire au moins combien j'ai aimé, combien j'ai souffert... Hélas! tant que je fus heureuse de ce bonheur sans nom, je n'avais besoin de le confier à personne, mais depuis... oh! depuis!... cette contrainte, voyez-vous, fut affreuse. Si vous saviez ma vie! Être obligée de cacher ma douleur, mes regrets désespérés, comme j'avais caché mon bonheur! Car, à qui aurais-je pu dire : Je souffre? qui m'aurait crue? qui m'aurait plainte? qui m'aurait consolée?... Le monde a quelquefois pitié d'un sentiment coupable,... mais pour un chagrin sacré comme le mien, il n'a que des railleries! car à ses yeux c'est un ridicule ou un mensonge... Pleurer son mari! le regretter avec amertume, vivre de souvenirs poignants, n'exister que par la pensée d'un être qui vous fut cher... qui croirait cela?... Et puis pourquoi le dire? A qui le dire? Mes parents ou mes alliés étaient trop du monde pour me comprendre; et puis, je l'avoue, j'avais été d'un égoïsme de bonheur tel, que tant qu'il dura je n'avais cherché à m'assurer aucun ami... Lui... lui, n'était-il pas tout pour moi?... A qui avais-je besoin de répéter combien j'étais heureuse, si ce n'est à lui?... D'ailleurs, avec l'imprévoyance d'une félicité sans bornes, je n'avais jamais pensé que le malheur pouvait m'atteindre...

— Oh! vous avez dû être bien malheureuse! Pauvre femme! les déchirements d'une douleur solitaire sont si affreux!

— Oh! oui! j'ai bien souffert, croyez-moi! Et puis, par je ne sais quelle faiblesse dont maintenant j'ai honte, souvent la solitude m'effrayait; dans l'ombre et le silence, ma douleur grandissait... grandissait, et devenait quelquefois si menaçante, que j'avais des terreurs affreuses; aussi, presque éperdue, je me réfugiais dans ce monde que je détestais pourtant, mais c'est que j'avais alors presque besoin de son bruit, de son éclat, pour me distraire un moment de cette concentration de ma pensée qui m'aurait rendue folle... Puis, une fois rassurée, je me prenais à maudire les vaines joies qui avaient osé étourdir mes chagrins... je pleurais sur ma lâcheté... et mes jours se passaient dans ces contradictions aussi terribles qu'inexplicables... Ce n'est pas tout, je n'ignorais pas que ma douleur était affreusement calomniée, et je ne pouvais pas, et je ne voulais pas me justifier... Oh! si vous saviez encore combien cela est cruel de n'avoir pour se défendre qu'une vérité... mais si sainte, mais si vénérée, qu'on n'ose la profaner en la disant à des indifférents ou à des incrédules!!

Marguerite pleura encore, et continua après un silence : — Maintenant vous comprendrez, n'est-ce pas, mon mépris de tout et de tous? Aigrie par le chagrin, mon humeur devint ombrageuse et fantasque; personne n'en pouvant deviner la cause, je passai pour bizarre... Les gens qui m'entouraient me semblaient vulgaires, comparés à celui dont le souvenir sera toujours sacré pour moi; je passai pour dédaigneuse ou dissimulée. Enfin, cette coquetterie sans but apparent qu'on me reprochait, ou plutôt à laquelle on donnait les motifs les plus scandaleux, eh bien! c'était encore un hommage à son souvenir. Je me parais ainsi, parce qu'il avait aimé à me voir ainsi parée; cet entourage, ces fleurs, ce demi-jour sous lequel il se plaisait à voiler mes traits, hélas! tout cela était pour moi autant de souvenirs chers et précieux. Enfin, jusqu'à cette science que j'affichais comme une prétention, c'était encore un triste reflet du passé; car, très-savant lui-même, il avait souvent aimé à s'entretenir avec moi des connaissances les plus variées. Que vous dirais-je, mon ami? Vivant seule, l'état de ma maison paraît peut-être trop considérable; aussi je passe pour orgueilleuse et vaine, et pourtant c'est parce que cette maison était la sienne que je l'ai religieusement conservée... Maintenant, vous savez le secret de ma vie; avant de vous avoir connu, il m'importait peu de paraître fantasque, vaniteuse et coquette; les bruits les plus odieux m'étaient indifférents... Mais depuis que j'ai apprécié ce qu'il y avait de généreux et d'élevé dans votre cœur, depuis surtout que j'ai vu combien la médisance du monde, autorisée peut-être par une conduite dont il n'a pas le secret, pouvait avoir d'influence sur vous... à l'estime, à l'affection de qui je tiens tant... j'ai voulu que vous... au moins ne me jugeassiez pas comme les autres... Et puis, souvent, vous avez généreusement pris ma défense; j'ai voulu vous prouver que l'instinct de votre âme était aussi noble que juste...

Et pourtant, il me reste un aveu... pénible à vous faire.

— Marguerite, je vous en supplie...

— Eh bien, — ajouta-t-elle en rougissant, — j'ai combattu longtemps ce désir; ce matin encore, lorsque vous m'avez surprise si malheureuse, si éplorée, c'est que je demandais à Dieu la force de résister au besoin que j'éprouvais de me réhabiliter à vos yeux.

— Pourquoi?... oh! dites pourquoi cela? ne suis-je pas digne de votre confiance?

— Si... si, vous en êtes... vous en serez digne, je le crois... mais... je me reprochais avec amertume de n'être plus assez forte de la pureté de mes actions, de la sincérité de mes regrets pour rester à vos yeux... indifférente aux calomnies du monde... car cela doit peut-être m'effrayer pour l'avenir...

. . . .
. . . .
. . . .

(Ici manquent un assez grand nombre de pages du journal d'un inconnu.)

CHAPITRE X.

JOURS DE SOLEIL.

Peu de personnes, je crois, ne se sont pas créé une sorte de langage intime et à part qui leur sert à diviser, à classer pour ainsi dire dans leur pensée les différentes phases, les divers événements de leur vie. — Ainsi j'appelais autrefois *mes jours de soleil* ces heures aussi rares que fortunées dont le souvenir resplendit plus tard si magnifiquement dans le cours de l'existence que son magique reflet peut colorer encore les plus pâles ennuis.

Dans la plupart de ces jours, grâce à une de ces heureuses fatalités du destin qui se plaît quelquefois à élever l'homme jusqu'au comble du bonheur possible; dans *ces jours de soleil,* tout ce qui nous arrive est non-seulement selon nos désirs, mais encore, si cela se peut dire, presque toujours merveilleusement encadré.

— Et qui n'a pas eu dans sa vie son jour de soleil? un de ces jours où tout paraît heureux et splendide, où l'âme est inondée d'un bien-être inexprimable, où souvent la nature elle-même semble apporter son tribut éclatant à notre félicité? Si une voix depuis longtemps chérie vous dit en tremblant : — A ce soir!! — ce soir-là, il se fait que le ciel est pur, les bois verts et touffus, les fleurs étincelantes, l'air saturé de parfums; enfin, par un hasard adorable, tout ce qui frappe votre vue est riant et paisible. Rien de triste, de sombre, ne vient obscurcir votre lumineuse auréole. Vous faut-il dire avec amour combien vous jouissez de cette rare et divine harmonie! les expressions naissent pleines de fraîcheur et de grâce; votre esprit allègre et épanoui brille de mille saillies; s'il se tait, alors votre cœur parle et murmure d'ineffables tendresses; puis vous vous sentez si fier, si hardi, si complétement doué, qu'à vos yeux éblouis l'avenir est sans bornes, ses perspectives innombrables, rayonnantes, et il vous semble enfin qu'aucun malheur ne vous peut atteindre sous l'égide du tutélaire et radieux génie qui vous couvre de ses ailes d'or!...

. . . .

Depuis que Marguerite m'avait avoué son amour, amour si douloureusement, si longuement combattu par les souvenirs de son bonheur passé, mon incurable défiance devait céder, pour quelque temps du moins, aux preuves de la tendresse la plus enivrante.

Jamais aussi jours ne furent plus heureux et plus beaux que ceux qui suivirent cet aveu.

Presque tous les soirs, en rentrant chez moi, j'avais alors écrit avec délices le *memento* de ces journées charmantes.

Aussi est-ce avec une sorte de tendre et respectueux recueillement qu'en transcrivant ces lignes sur mon journal je relis ces fragments épars, écrits autrefois pendant une des plus douces périodes de ma vie.

§ I.

Avril 18...

J'ai été assez heureux aujourd'hui pour éviter à Marguerite une minute de chagrin, mais ce pauvre Candid est mort...

Je viens d'assister à son agonie... Brave et digne cheval, pourtant je l'aimais bien!...

Georges ne pleure pas, il est dans un désespoir stupide; il m'a dit en anglais avec une indéfinissable expression, en me le montrant expirant : « — Ah! monsieur! mourir ainsi... et *sans courir contre personne!* »

Pauvre Candid! sa fin a été douce au moins! il a fléchi sur ses genoux, puis il est tombé; alors deux ou trois fois il a levé sa noble tête, ouvert encore ses grands yeux si brillants... puis les fermant à demi, poussant un profond soupir, il est mort.

Jamais peut-être je n'ai aimé ni aimerai de la sorte un cheval; mais il y avait chez celui-ci tant d'intelligence, tant de beauté, tant d'énergie, tant d'adresse, jointe à une intrépidité si franche! Ne reculant devant rien; s'agissait-il d'obstacles à la vue desquels bien des chevaux auraient hésité, il arrivait, lui, fier, calme et hardi, et le passait en se jouant... Et puis, ayant toujours l'air si libre et si joyeux sous le frein, on eût dit que ce vaillant animal ne le subissait pas, mais l'acceptait comme une parure.

Pauvre Candid! c'était mon courage, mon orgueil! Confiant dans sa force, j'affrontais sans crainte des dangers qui peut-être sans lui m'eussent fait pâlir.

Confiant dans sa vitesse et son opiniâtre énergie, j'acceptais tout pari. — Pauvre Candid! — sa vitesse, son opiniâtre énergie, c'est ce qui l'a tué.

Seul parmi mes chevaux il pouvait faire ce

qu'il a fait, ce que bien peu feraient; il a vaillamment accompli sa tâche; il m'a valu un sourire de Marguerite, et puis il est mort.

Pauvre Candid! je n'ignorais pas à quoi je l'exposais, et maintenant... je ne sais si j'aurais encore le même courage de sacrifice.

Voici pourquoi Candid est mort.

Ce matin nous sommes allés avec Marguerite et don Luis voir le château de ***, qu'elle a envie d'acquérir; ce château est situé à trois lieues et demie de Paris.

En visitant les appartements, je donnais le bras à Marguerite, nous précédions don Luis et le régisseur de cette terre.

Arrivés dans la bibliothèque, nous avons remarqué un très-beau portrait de femme du dix-septième siècle; les mains surtout étaient d'une délicatesse et d'une forme adorable.

Si adorable que je trouvai qu'elles ressemblaient à celles de Marguerite.

Elle a nié; — je l'ai suppliée d'ôter son gant et de comparer; la ressemblance était frappante.

Voir de si belles mains sans les tendrement baiser, je ne le pouvais.

Nous entendîmes les pas de don Luis, et nous continuâmes notre examen.

Le château visité, nous revînmes à Paris.

Se trouvant fatiguée de cette course, Marguerite m'avait prié de venir passer la soirée avec elle; je le lui promis.

En arrivant je la trouvai triste, pâle, visiblement émue.

« Qu'avez-vous? — lui dis-je.

— Vous allez vous moquer de moi, — elle avait les larmes aux yeux; — mais je n'ai pas retrouvé un bracelet qui me vient de ma mère; je le portais au bras ce matin; vous savez le prix que j'y attache, jugez de mon chagrin; j'ai fait chercher partout, rien... rien!...

A ces mots, je me rappelai presque confusément avoir vu tomber du gant de Marguerite quelque chose de brillant, lorsque je lui baisai la main dans la bibliothèque; mais, tout au bonheur de ce baiser, cet incident n'avait pu m'en distraire.

« J'attache tant d'idées exagérées sans doute à la possession de ce bracelet, — reprit Marguerite, — que je serai affreusement malheureuse de ne le pas retrouver; mais quel espoir? en ai-je aucun? Ah! mon ami, pardon de cette douleur de regrets dans laquelle vous n'êtes pour rien; mais si vous saviez ce que ce bracelet est pour moi... Ah! quelle pénible nuit je vais passer, dans quelle inquiétude je vais être!... »

Il me vint alors à l'esprit une de ces pensées qu'on a lorsqu'on aime avec idolâtrie.

J'avais un cheval de course d'une grande vitesse, c'était Candid; il y avait trois lieues et demie de Paris au château de ***; — la nuit était belle, la lune brillante, la route parfaite; — je voulus, pour épargner à Marguerite non-seulement une nuit, mais une heure, mais quelques minutes de chagrin, savoir, dans le moins de temps possible, si le bracelet était resté ou non dans la bibliothèque de ***, — quitte à tuer mon cheval.

« Pardon de mon égoïsme, — dis-je à Marguerite, — mais votre regret et la perte que vous avez faite me font souvenir que j'ai laissé étourdiment une clef à un coffret qui contient des papiers importants; j'ai toute confiance dans mon valet de chambre, mais d'autres que lui peuvent entrer chez moi, permettez-moi donc d'écrire un mot, que je vais envoyer par ma voiture, pour ordonner d'ôter cette clef et de me l'apporter. »

J'écrivis aussitôt ces mots :

« Georges sellera à l'instant Candid, il ira
» au château de ***, demandera au régisseur

» s'il n'a pas trouvé un bracelet d'or dans la
» bibliothèque. — Quand Georges recevra cet
» ordre, il sera *dix heures,* — il faut qu'à *onze*
» *heures* le bracelet ou la réponse soit à l'hôtel
» de Pënâfiel. »

La lettre partit.

Il y avait un peu plus de trois lieues et demie de Paris au château de *** ; c'était donc faire plus de sept lieues en une heure, chose possible pour un cheval de la vitesse et du sang de Candid, mais il y avait cent à parier contre un qu'il ne résisterait pas à cette course.

Jusqu'à dix heures, j'eus assez d'empire sur moi pour distraire un peu Marguerite de ses regrets et j'y parvins.

Onze heures sonnèrent, Georges n'était pas de retour.

A onze heures cinq minutes, un valet de chambre entra portant sur un plateau un petit paquet qu'il me présenta.

C'était le bracelet de Marguerite.

Je ne saurais dire avec quelle ivresse je le pris.

« Me pardonnerez-vous, — lui dis-je, — la lenteur de mes gens? ne sachant pas le prix que vous attachiez à ce bracelet, c'est moi qui vous l'avais *volé ;* mais voyant votre chagrin, j'ai pris le prétexte d'une clef oubliée pour écrire à mon valet de chambre de m'envoyer un petit paquet qu'il trouverait dans ma cassette.

— Je l'ai... je l'ai... oh! je le retrouve... je vous pardonne! — s'écria Marguerite en baisant le bracelet avec transport; puis me tendant la main, elle ajouta : — Ah! que vous êtes bon d'avoir eu pitié de ma faiblesse, et que je vous sais gré d'avoir envoyé chez vous pour m'éviter quelques moments de chagrin.

J'avoue que, malgré la joie et le bonheur de Marguerite, mon inquiétude fut grande jusqu'à onze heures et demie, que je quittai l'hôtel de Pënâficl.

A minuit je n'avais plus d'inquiétude.

Pauvre Candid!... il vient de mourir.

J'ai dit à Georges, pour expliquer cette mort, que j'avais parié trois cents louis que Candid irait à *** pendant la nuit, et reviendrait en une heure.

§ II.

Avril 18...

J'ai rencontré Marguerite aux Champs-Élysées.

En parlant de chevaux, elle m'a dit : « Mais comment ne faites-vous pas plus souvent courir Candid ? On le dit si vite, si beau, et vous l'aimez tant... oh ! tant, que j'en suis presque jalouse, » ajouta-t-elle en riant.

A ce moment, M. de Cernay, qui était à cheval ainsi que moi, s'approcha de la voiture de madame de Pënâfiel, la salua et me dit :

« Eh bien, est-ce vrai ? Candid est mort. »

Marguerite me regarda avec étonnement.

« Il est mort, — dis-je à M. de Cernay.

— C'est ce qu'on m'avait dit, mais cela ne m'étonne pas : faire plus de sept lieues la nuit, en une heure quatre minutes ! de tel sang que soit un cheval, il est bien difficile qu'il résiste à cette épreuve, surtout sans être en condition. Et votre pari était de trois cents louis, je crois ?

— De trois cents louis.

— Eh bien, entre nous, vous avez fait une folie; d'abord je vous en ai vu refuser beaucoup plus que cela, et avec raison, car, pour cinq cents louis et plus, vous ne retrouverez jamais un cheval pareil : je vous le dis maintenant qu'il est mort... — ajouta-t-il très-naïvement.

— Il en est donc un peu de la réputation des chevaux comme de celle des grands hommes, — lui dis-je en riant, — la jalousie empêche de les apprécier de leur vivant.

. . . .

Le regard de Marguerite me dédommagea presque de la mort du pauvre Candid.

§ III.

Avril 18...

Quelle enivrante journée! Ce bonheur retentit encore si délicieusement dans mon cœur que je me plais à en écouter les moindres échos.

Il faisait aujourd'hui un temps radieux. Ainsi que nous en étions convenus hier avec Marguerite, je l'ai rencontrée au bois; sa figure encore un peu pâle semblait s'épanouir et renaître au soleil. Elle se promenait à pied ; avant de la rejoindre, j'ai pendant quelque temps suivi Marguerite dans l'allée des acacias. Rien de plus élégant que sa démarche, que sa taille, dont on devinait la souplesse et la grâce sous le long châle qui l'enveloppait. Longtemps, bien amoureusement aussi, j'ai regardé ses petits pieds soulever à chaque pas les plis ondoyants de sa robe.

Je l'ai rejointe ; elle a beaucoup rougi en me voyant. — Plus que jamais je suis convaincu de la valeur charmante de ce symptôme. Dès qu'il cesse, dès que la vue de l'objet aimé ne fait plus affluer le sang au cœur et au visage, l'amour vif, ardent et jeune a passé ; — une débile et froide affection lui succède ; — l'indifférence ou l'oubli ne sont pas loin.

J'ai pris son bras. — Comme elle s'appuyait à peine sur le mien, je l'ai suppliée d'y peser davantage.

L'air était doux et pur, le gazon commençait à verdir, la violette à poindre ; nous avons d'abord peu parlé. — De temps à autre elle tournait sa figure vers moi, et me regardait doucement avec ses grands yeux qui semblaient nager dans un cristal limpide ; puis bientôt, ses narines roses se dilatant, elle me dit avec une sorte d'avidité : — Qu'il est bon, n'est-ce pas, d'aspirer ainsi le printemps et le bonheur !

En voyant les hauteurs du Calvaire, nous avons beaucoup parlé campagne, grandes forêts, champs, belle et vaste nature. — Cette conversation a été çà et là entrecoupée de longs silences. Après un de ces silences elle m'a dit :
— Je voudrais vous voir en Bretagne ; nous ferions de longues, longues promenades, et je *vous sèmerais* dans nos bois, pour faire plus tard, dans ma solitude, une riche moisson de tendres souvenirs.

J'ai répondu en riant que je ne trouvais rien à lui dire en échange de ces charmantes flatteries, et que je m'en savais presque gré, car rien ne me paraissait plus désespérant que ces gens qui vous *remboursent* immédiatement un compliment gracieux ou une attention délicate, comme s'ils voulaient se débarrasser à tout prix d'une dette insupportable.

Nous avons rencontré plusieurs hommes et plusieurs femmes de notre connaissance à pied comme nous. Après qu'ils eurent passé, et nos saluts échangés, nous nous sommes avoué en riant notre désir de savoir ce qu'on disait alors à notre sujet.

A propos de cette rencontre, Marguerite m'a

dit que Paris lui devenait odieux ; qu'elle avait un beau projet, mais qu'elle ne voulait me le confier que le 1ᵉʳ mai. — Impossible d'en savoir davantage.

A quatre heures, le vieux chevalier don Luis nous a rejoints ; nous avons tous trois continué notre promenade encore quelque temps. Madame de Pënâfiel avait comme moi quelques visites à faire ; je l'ai quittée ; elle allait le soir au bal ; nous sommes convenus que j'irais chez elle à dix heures pour avoir la première fleur de sa toilette, dont elle m'avait voulu faire un mystère.

En quittant Marguerite, j'ai été voir madame de ***.

Notre bonheur est décidément très-connu. Autrefois on parlait souvent devant moi de madame de Pënâfiel avec toute liberté ; maintenant on ne prononce presque jamais son nom en ma présence, ou bien on l'accompagne des formules de louanges les plus exagérées. Cette réflexion m'est venue pendant le cours de ma visite à madame de ***.

Un homme de ses amis, tout récemment arrivé d'Italie, et ignorant encore les liaisons du monde, lui a dit, après s'être informé de plusieurs femmes de sa connaissance : — A propos, et madame de Pënâfiel? J'espère que vous allez me raconter comme toujours quelque bonne histoire sur elle? Voyons, quel est l'heureux ou le malheureux du moment? Dites-moi donc cela? Vous me le devez, à moi, qui, arrivant des antipodes, ne suis au fait de rien, et qui sans ces renseignements pourrais faire quelque gaucherie.

— Mais vous êtes fou, — a répondu madame de *** rougissant beaucoup, et jetant un regard presque imperceptible de mon côté; — vous savez, au contraire, que je déteste les médisances, et surtout lorsqu'elles ont pour sujet une de mes meilleures amies; car j'ai pour Marguerite une affection qui date de l'enfance, — ajouta-t-elle en appuyant sur ces mots.

— Une de vos meilleures amies! ah! c'est charmant, par exemple! — reprit ce diable d'homme qui ne comprenait rien; — une de vos meilleures amies, soit; mais alors en ce sens, *celui qui aime bien, châtie bien;* car vous m'avez fait sur elle cent contes plus divertissants, plus mordants les uns que les autres.

L'embarras de madame de *** devenait extrême, j'en ai eu pitié.

— Je ne suis donc pas le seul, madame, à

qui vous ayez tendu ce piége? — lui ai-je dit en riant.

— Un piège? — a repris le nouvel arrivant.

— Un piège, monsieur, — ai-je répondu ; — un piège rempli de malice, auquel moi-même, un des amis les plus sincèrement dévoués de madame de Pënâfiel, j'ai failli me laisser prendre.

— Ah! m'en croyez-vous capable? — m'a répondu madame de *** en souriant, sans comprendre encore ce que je voulais dire.

— Certes, madame, je vous en crois capable, — car c'est un excellent moyen de connaître les véritables partisans de nos amis ; on dit en apparence un mal affreux de son amie intime, et selon que les personnes de sa connaissance la défendent ou renchérissent encore sur la médisance, on juge ainsi des bienveillants et des malveillants ; aussi, renseignée de la sorte, l'amie intime prend plus tard pour ce qu'elles valent les protestations qu'on lui fait.

— Ah! vous êtes en vérité d'une indiscrétion insupportable, — m'a dit madame de *** en minaudant —

L'arrivant d'Italie était stupéfait. Une nouvelle visite entra, je sortis.

. . . .

A dix heures, je suis allé chez Marguerite. J'espérais l'attendre ; car je trouve toujours délicieux d'être quelque temps seul à rêver dans un salon habité par celle qu'on aime, puis de voir l'appartement tout à coup éclairé pour ainsi dire par sa présence. — Je n'eus pas ce plaisir ; — c'était elle qui m'attendait. — Ce triomphe que je remportais sur les longueurs ordinaires et incommensurables de la toilette, cette attention délicate et rare d'être prête pour me recevoir, me charma.

Marguerite était adorable ainsi : elle portait une robe de moire verte, très-pâle, garnie de dentelles et de nœuds de rubans roses, d'où s'épanouissaient de grosses roses rosées ; une de ces fleurs dans ses cheveux et une autre au corsage complétaient sa parure. Elle m'avait gracieusement réservé un de ses bracelets à attacher ; je le fis, non sans baiser avec adoration ce bras charmant, si blanc, si frais et si rond.

J'ai voulu savoir les secrets du premier mai. Marguerite m'a dit qu'elle voulait me faire un mystère de ce *printemps d'espérance*.

Je lui ai raconté ma visite du matin à madame de *** ; nous en avons beaucoup ri, et elle m'a dit être trop heureuse pour penser à la fausseté des autres. — Puis causant d'une très-belle étrangère qui avait produit une assez grande sensation dans le monde, Marguerite m'a remercié très-gaiement de me montrer fort assidu auprès de cette jolie personne. — Et pourquoi me remercier de cela ? lui ai-je demandé. — Parce qu'un homme n'est jamais plus en coquetterie avec les autres femmes que lorsqu'il se sait bien absolument sûr du cœur où il règne. Aussi, je suis heureuse et fière de vous inspirer cette certitude et cette sécurité.

. . . .

— A onze heures elle a demandé sa voiture. — Comme je me félicitais de cette liberté qui nous permettait de nous voir si intimement, Marguerite m'a répondu : — Cela n'est rien encore ; vous verrez mon premier mai.

Je suis allé un instant à l'Opéra ; il était fort brillant. — J'ai trouvé M. de Cernay dans notre loge. Ce qu'il appelle *mon bonheur* continue toujours de lui être insupportable; car il ne cesse de me dire combien il est enchanté de *la* voir si sérieusement attachée; il fallait que cela finît ainsi un jour ou l'autre, a-t-il ajouté. D'ailleurs *elle* devait enfin se lasser d'une existence si agitée. Son goût pour Ismaël n'avait été qu'une folie; son penchant pour M. de Merteuil un caprice; ses autres aventures mystérieuses, mais pourtant devinées, des écarts d'imagination, tandis que l'affection qu'*elle* ressentait pour moi était toute autre, etc.—Selon mon habitude, je me suis obstiné à nier *mon bonheur;* alors M. de Cernay s'est mis à m'accuser d'être dissimulé, de vouloir cacher ce que tout Paris savait, et a fini par me prédire sérieusement que, si je persistais à demeurer ainsi secret, — je n'aurais jamais d'ami intime. — Prédiction dont je me suis véritablement trouvé très-chagrin.

Je suis allé au bal de madame *** pour rejoindre Marguerite; en entrant dans les salons je ne l'ai pas longtemps cherchée. Qui expliquera cet instinct, cette singulière faculté, grâce à laquelle il suffit d'une minute et d'un seul regard jeté sur une foule de femmes et d'hommes pour trouver au milieu d'elle la personne qu'on désire vivement de rencontrer?

Marguerite causait avec madame de *** lorsque j'allai la saluer. Elle m'accueillit avec une grâce charmante et une préférence très-marquée, bien qu'elle fût fort entourée. Je cite cette particularité parce que beaucoup de femmes, dont on a deviné l'intérêt, croient faire une merveille de tact et de finesse en accueillant avec une indifférence affectée, souvent même grossière, les prévenances de celui qu'elles aiment.

Madame de *** est fort vive, fort spirituelle, fort gaie, d'un caractère rempli de franchise et de solidité, indulgente pour le monde, mais nullement banale, et d'une méchanceté cruelle dès qu'on attaque ses amis absents. Marguerite et moi étions en grande confiance avec elle. Toutes deux s'étant mises sur une causeuse, je me suis assis derrière elles, et nous avons fait mille folles remarques sur tout et sur tous. — Je ne sais comment on vint à parler de tableaux. Madame de *** m'a dit :

— Je sais que vous avez une charmante collection de tableaux et de dessins ; donnez-nous donc un jour à souper, ainsi qu'à quelques femmes et à quelques hommes de notre connaissance, que nous allions admirer vos merveilles.

— Avec le plus grand bonheur, — lui ai-je répondu ; — mais il est bien entendu que je n'invite pas les maris ; cela dépare, c'est comme un danseur dans un ballet.

— Mais au contraire, — m'a-t-elle dit, — à la fadeur maussade, jalouse, enfin presque conjugale, qui règne dans la plupart des liaisons, ce serait très-piquant : beaucoup de maris très-aimables n'ont contre eux que d'être maris ; or, puisque beaucoup ne le sont plus, ils ont mille chances de paraître charmants. — Après avoir longuement et gaiement débattu cette question, nous sommes convenus de ce souper avec une proportion raisonnable de maris et d'amants.

Il était assez tard, Marguerite a prié son cousin don Luis de demander sa voiture ; tandis qu'elle l'attendait et que je jetais son mantelet sur ses belles épaules, je lui ai dit à voix basse :
— A demain onze heures... n'est-ce pas ?

Elle a beaucoup rougi, et m'a légèrement serré la main lorsque je lui ai rendu son éventail et son flacon...

— J'ai compris.

Don Luiz lui a offert son bras, et elle est partie.

Rentré chez moi, je viens d'écrire le détail de cette journée si vide en apparence, et pourtant si remplie de joies charmantes.

Joies charmantes qui sont tout et rien : rien si on les isole, tout si on les rassemble. Alors c'est un bonheur épanoui, radieux, émaillé de mille délicieux souvenirs, aussi enivrants que le parfum sans nom d'un bouquet, aussi composé, lui, de mille suaves et fraîches odeurs.

A demain... onze heures...

§ IV.

Avril 18...

. . . .
. . . .

Je suis allé chez elle à trois heures.

Je l'ai retrouvée toujours tendre, affectueuse, mais recueillie, pensive et presque triste.

Cette tristesse n'était pas amère ; elle était douce, remplie de charme et de mélancolie. Les idées qu'elle a émises ont été nobles, sérieuses, élevées.

Ce contraste m'a profondément frappé...

Il y a dans l'âme de certaines femmes d'inépuisables trésors de délicatesse.

Chez celles-là, tout s'épure par le sacrifice, tout s'idéalise par l'ardeur presque religieuse dont elles aiment, par le sentiment des devoirs sacrés qu'elles trouvent dans l'amour, par une sorte de contemplation douloureuse où les plonge toute pensée d'avenir.

Chez nous l'horizon est bien plus borné.

Une fois notre passion et notre vanité satisfaites par la possession, rien de plus net, de plus tranché que ce que nous éprouvons. Les mieux doués sont encore quelque peu tendres, reconnaissants ; — les autres se trouvent souvent rassasiés et maussades.

Chez certaines femmes, au contraire, par cela que les impressions heureuses et tristes, plus tristes qu'heureuses, qui succèdent à l'ivresse des sens, se contrarient et se heurtent ; en elles la mélancolie prédomine ; car ce qu'elles éprouvent est indéfinissable. C'est à la fois bonheur et désespoir, regrets et espérance, souvenirs brûlants et honteux, amour plus vif, remords terrible, et désir insurmontable de se donner encore.

. . . .

Je suis resté longtemps chez Marguerite. Notre conversation a été délicieuse d'intimité. Elle m'a beaucoup parlé de ma famille, de mon père...

Un moment ces pensées, dont j'étais, hélas ! depuis si longtemps déshabitué, m'ont attristé ; je lui ai tout confié : mon oubli, mon ingratitude, et l'indifférence coupable où me laissait sa mémoire...

Alors Marguerite n'a pu s'empêcher de fondre en larmes, et m'a dit : — On croit pourtant à l'éternelle durée d'autres affections... puisqu'on ose s'y livrer...

J'étais si profondément heureux que peu à peu je l'ai rassurée. Sa tristesse s'est en partie dissipée, et je ne saurais exprimer avec quelle tendresse ineffable et presque maternelle elle m'a parlé de l'avenir de mes projets, de son impatience de me voir abandonner la vie stérile et oisive que je menais, et dont le vide, m'a-t-elle dit, m'avait causé tant de chagrins.

Je lui ai répondu qu'à cette heure ces reproches n'étaient pas fondés, et qu'il ne fallait pas m'accuser d'être malheureux et inoccupé, puisque, passant ma vie à l'adorer, je me trouvais le plus heureux et le plus délicieusement occupé de tous les hommes.

Comme j'ajoutais mille folies à ce commentaire, Marguerite, me prenant par la main, m'a dit avec une inexprimable expression de bonté, d'amour et de doux reproche, en attachant sur moi ses grands yeux humides de larmes : — Vous êtes bien gai... Arthur !

— C'est que je suis si heureux, si complétement heureux !!!

— Cela est singulier, — m'a-t-elle dit ; — moi aussi je suis heureuse, complétement heureuse... et pourtant je pleure! j'ai besoin de pleurer.

. . . .

Puis, je ne sais pourquoi nous avons parlé de présage, et enfin de divinations et de devins. — Comme toujours, nous avons rebattu ce thème usé : — Faut-il croire ou non à la prescience de l'avenir ? etc.

Enfin nous sommes convenus de tenter le destin, et de nous rencontrer demain rue de Tournon, chez mademoiselle Lenormand, afin de savoir notre avenir.

J'ai quitté Marguerite à six heures et demie.—

Elle a fait défendre sa porte, et m'a dit qu'elle passerait sa soirée à m'écrire.

. . . .

Rentré chez moi, et soumis à la seule influence de mes pensées, j'ai été encore plus frappé de la différence profonde qui existait entre les impressions des hommes et celles des femmes.

Ainsi, après cette matinée d'ivresse des sens, autant Marguerite avait besoin de silence, de recueillement et de solitude, autant j'avais besoin, moi, de bruit, d'éclat, d'animation! Quoique concentré, le bonheur rayonnait en moi. Je me sentais gai, causant, aimable, tant le contentement nous grise; aussi le monde, avec toutes ses joies et toutes ses splendeurs, me paraissait le seul théâtre digne de ma félicité.

Avant de me rendre à une ou deux soirées, je suis allé aux bouffes pour entendre le deuxième acte d'*Otello*. — J'ai vu madame de V* seule dans sa loge.

Elle était, comme toujours, charmante et mise à ravir.

Rien de plus délicieux qu'une jolie figure de femme se détachant, ainsi lumineuse et souriante, sur le fond toujours très-obscur de ces premières loges de face.

Dans l'entr'acte, j'ai été faire une visite à madame de V*. — Elle m'a reçu à merveille; je dirais presque avec une coquetterie très-provoquante, si elle n'était pas, pour ainsi dire, née coquette et provoquante comme d'autres naissent blondes ou brunes. — Rien d'ailleurs de plus brillant, de plus original, de plus fou que son esprit; disant tout, mais avec une grâce si piquante, une malice en apparence si naïve, qu'elle se fait tout pardonner.

Elle a commencé par m'attaquer très-vivement sur mes assiduités constantes auprès de certaine belle marquise, disant que cette marquise devait s'estimer très-heureuse d'être presque de ses ennemies, parce que sans cela, elle, madame de V*, aurait peut-être jeté un grand trouble dans notre amour.

« Comment? parce que vous êtes son ennemie, vous vous abstenez de cette vengeance?

— Sans doute, on réserve ordinairement ces bonnes perfidies-là pour ses amies intimes, et c'est très-dommage, — a-t-elle ajouté en riant comme une folle; — car, si je l'avais bien voulu, je vous aurais rendu en vingt-quatre heures amoureux de moi, mais amoureux à lier.

— Mais c'est fait depuis longtemps, et sans que vous vous soyez donné la moindre peine pour cela, » ai-je dit. Puis, à travers mille galanteries très-empressées, je lui ai vanté le charme de ces amours éphémères, de ces rencontres de cœur, autrefois si communes et si ravissantes, mais de nos jours malheureusement si rares. Rencontres charmantes, sans veille ni lendemain, qui ne laissaient dans la vie qu'un souvenir unique, mais divin.

« Je ne suis pas de votre avis, — a-t-elle ajouté toujours fort gaiement; — en fait de perles...., j'aime mieux un collier qu'une bague. —

— Oui, madame; mais toutes les perles d'un collier sont égales, d'une forme monotone, tandis que certaines perles inestimables par leur singularité même ont plus de valeur à elles seules que tout un collier.

— C'est pour cela sans doute, monsieur, que vous m'avez toujours paru si parfaitement précieux et singulier. »

Grâce à mille autres folies, *Otello* passa, je le dis à ma honte, presque inentendu. On commençait de quitter les loges : « Allons, — dit madame de V*, — mon mari va encore me laisser seule pour la sortie.

— Votre mari, cela se concevrait presque... car il n'y a guère que les riches qui ignorent leurs trésors ; mais, ce qui m'étonne, c'est que... »

Et, comme j'hésitais, elle me dit très-délibérément : « C'est que M. de *** ne soit pas là pour me donner le bras, et demander mes gens ; est-ce cela que vous voulez dire ?

— C'est justement cela que, par une féroce envie, une jalousie de tigre, je ne voulais pas dire du tout.

— Je l'ai envoyé à la chasse pendant huit jours pour le remettre en grâce avec moi, — a repris négligemment madame de V* ; — car il a l'absence délicieuse.

— Délicieuse pour tous, car je lui devrai de

jouir d'un charmant privilége, si vous acceptez mon bras pour sortir.

— Mais certes j'y comptais bien.

— Et mes priviléges ne se borneront-ils, hélas! qu'à cette faveur?

— Vous êtes un curieux et un indiscret.

— Soit, pourvu qu'après avoir été curieux comme le désir je puisse être indiscret comme le bonheur.

— Mais, — a-t-elle ajouté sans me répondre et me faisant remarquer une femme souverainement ridicule, — voyez donc cette pauvre madame de B. On dit qu'elle a les yeux bêtes... Quelle sottise! je les trouve, moi, les plus spirituels du monde; car ils ont l'air de vouloir sortir de sa vilaine figure. »

J'oublie une foule d'autres observations pleines de malice, le tout dit en riant très-haut, elle sur une marche de l'escalier, moi sur une autre.

Enfin, au moment de me quitter, elle m'a rappelé qu'il y avait bien longtemps que je n'étais venu voir ses dessins; qu'elle était fière de ses progrès, et qu'elle tenait à m'en faire juge.

— Mais je serai ravi, madame, d'aller critiquer ou admirer tant de merveilles; seulement, comme je suis très-sévère; je me trouverais gêné par la présence d'un tiers pour vous dire franchement mon avis; aussi vous devriez bien, pour cela, faire fermer votre porte aux importuns.

— Mais c'est un tête-à-tête, un rendez-vous que vous me demandez là, monsieur?

— Absolument, madame.

— Et mes gens?

— Vous direz que vous n'y êtes que... pour votre notaire.

— Et vous consentiriez à passer...

— Pour un notaire, pour un procureur, pour tout ce que vous voudrez; je prendrai, s'il le faut, un paquet de papiers, des lunettes vertes, et nous causerons alors très-impunément et surtout très-longuement... d'affaires.

— De testament? par exemple.

— Certes, de celui de ce pauvre ***, dont je voudrais être si éperdument à cette heure le légataire universel.

— Ah ciel! que vous voilà bien dans l'esprit de votre rôle, » s'est écriée madame de V*.

On vint lui annoncer sa voiture.

« Eh bien! — lui ai-je dit en l'accompagnant, — attendrez-vous votre notaire demain à trois heures?

— Qu'il vienne, il le verra.

— N'allez-vous pas ce soir au concert de madame T*** ?

— Non, je rentre chez moi.

— Comment, sitôt ?

— Oui, pour mettre quelques affaires en ordre, ayant demain une grave entrevue avec le plus détestable et le plus importun des hommes de loi. »

En disant ces mots, et toujours riant aux éclats, elle a monté en voiture.

Je suis revenu sous le péristyle attendre la mienne ; là, j'ai été accosté par le gros Pommerive, qui, passant près de moi, m'a dit : « Déjà infidèle !... C'est bien tôt... ou bien tard... »

Je haussai les épaules en souriant.

Je suis allé à ce concert. Trop de foule. Pour moi, la musique est sans charme si je ne l'entends pas commodément. En rentrant chez moi, je viens de trouver une longue et tendre lettre de Marguerite.

Dans notre conversation de ce matin, je lui avais avoué ma passion pour les violettes de Parme. J'en trouve deux corbeilles véritablement colossales dans mon salon.

Ce souvenir, cette prévenance délicate m'a

touché, m'a ravi, mais ne m'a pas fait véritablement rougir de mon empressement auprès de madame de V*, que j'ai trouvée d'un éclat et d'une vivacité charmante.

Je lis pourtant avec amour la lettre de Marguerite ; elle est tendre et bonne, pleine d'une charmante mélancolie ; elle se félicite de cette longue soirée passée seule avec mon souvenir. En post-scriptum, elle me rappelle que demain à trois heures nous devons nous retrouver chez mademoiselle Lenormand pour savoir notre avenir.

C'est justement à trois heures que j'ai promis à madame de V* d'aller voir ses dessins ; que faire ? Je ne puis certainement pas mettre en balance mon affection profonde et vraie pour Marguerite avec le caprice très-vif, mais sans doute éphémère, que je ressens pour madame de V*, aussi jolie, aussi séduisante que légère et coquette.

Mais je suis assuré de l'affection de Marguerite ; c'est un amour sincère et durable ; le goût passager que j'échangerai peut-être avec madame de V* ne portera d'ailleurs aucune atteinte à cette intimité tendre et sérieuse.

Avec une femme aussi inconstante, aussi variable que madame de V*, une occasion perdue peut ne plus se rencontrer, le hasard est son dieu. J'irai donc demain chez elle. Je vais trouver une excuse pour remettre notre partie d'*avenir* avec Marguerite chez mademoiselle Lenormand à après-demain. Que prétexter? une affaire... de notaire? Non, ce serait une perfidie puérile... Pourtant, que dire?

Enfin je m'y résigne; mais je vais par compensation écrire à Marguerite la lettre la plus passionnée.

. . . .

J'ai relu cette lettre tout à l'heure écrite par moi à madame de Pënãfiel. Cette lettre est bien, pleine de cœur, de tendresse, de passion, et cela n'est pas feint, c'est vrai, profondément senti, éprouvé. Chose étrange! et je songe fermement à la tromper, et pourtant jamais peut-être mon amour pour elle n'a été plus vif et plus sincère. Je n'ai aucune raison de me mentir à moi-même, je m'écoute penser... Cela est vrai, j'aime Marguerite plus que je ne l'ai jamais aimée; naguère j'aurais reculé peut-être devant quelques sacrifices; à cette heure j'irais au-devant de tous ceux qu'elle me pourrait demander, et pourtant, je le répète, je songe à la tromper!

Cette idée me cause-t-elle honte, remords, regret? — Non.

Hésité-je un instant à la pensée que Marguerite peut être instruite de cette infidélité et en ressentir un profond chagrin? — Non.

Est-ce que j'éprouve pour madame de V* aucun sentiment noble et élevé? — Non. C'est un désir ardent, qui me semble devoir être aussitôt éteint qu'il a été promptement allumé.

Et pourtant, chose étrange! je me le redis encore, il me semble aimer davantage Marguerite. Pourquoi cette progression de sentiment? N'est-ce pas une illusion, un fantôme trompeur évoqué par la conscience de ma perfidie? n'est-ce pas une excuse que je cherche en m'imposant à moi-même et peut-être à mon insu cette croyance mensongère. — Non, non, je m'écoute penser... il me semble assurément l'aimer davantage.

Singulière contradiction de l'âme! Serait-ce donc que mon amour pour Marguerite s'augmenterait en raison de la douleur que je pressens devoir lui causer?

§ V.

Avril 18...

Jours de soleil ?... hélas ! non ; ce temps de radieux bonheur, qui avait duré plus de deux mois, devait s'obscurcir et devenir bientôt sombre et désolé...

Étrange journée que celle-ci !

Ce matin, à mon réveil, j'ai reçu un billet de Marguerite : elle est un peu contrariée de ce retard *de bonne aventure*. Ce jour étant celui de l'anniversaire de sa naissance, elle le croyait plus convenable comme étant le plus *fatal*.

Ayant à faire quelques emplettes de porcelaines de Sèvres et de Saxe, elle m'a prié de me trouver à deux heures et demie chez ***, marchand très en vogue, afin de consulter mon goût.

Je m'y suis rendu.

En allant voir avec elle un meuble de marqueterie placé dans le magasin du fond, nous sommes restés un moment seuls. Marguerite m'a demandé de venir passer ma soirée chez elle, en promettant de me dire son secret du 1ᵉʳ mai.

Je l'ai tendrement remerciée; elle m'a paru plus jolie encore que de coutume : elle portait une capote paille garnie de dentelles et de bleuets qui lui allait à ravir.

A trois heures je l'ai quittée, et je me suis rendu chez madame de V***.

Malgré nos folles conventions de la veille, d'après lesquelles je devais absolument passer pour un notaire, si je voulais jouir du charme d'un tête-à-tête, je me fis annoncer sous mon nom, et je la trouvai seule.

Elle m'a montré ses aquarelles, qui étaient véritablement d'une excellente manière, car cette jeune femme est parfaitement douée. Néanmoins, pour sortir des banalités, j'ai prétendu les trouver mauvaises, le dessin incorrect, la couleur fausse et outrée, le faire sans assurance et sans adresse.

« Vous n'y connaissez rien du tout, — m'a-t-elle dit en riant, — j'ai un talent charmant; mais, comme vous dessinez aussi, c'est jalousie de métier.

—Nous ne nous entendrons jamais à ce sujet, madame; vous trouvez vos aquarelles bonnes, je les trouve mauvaises, n'en parlons plus; parlons d'un sujet à propos duquel nous serons sans doute d'accord.

— Et ce sujet, monsieur?

— C'est la perfection de votre esprit et de votre beauté.

— Eh bien! vous vous trompez fort, monsieur; car, prenant à mon tour votre rôle de critique, tout à l'heure si injustement exercé aux dépens de mes pauvres dessins, je vous répondrai que, si vous me trouvez charmante, moi, je me trouve détestable, car j'ai mille vilaines qualités. Aussi, comme nous ne nous entendrons jamais à ce sujet, parlons d'autre chose.

— Hélas! ceci est une prétention de votre part, madame; malheureusement pour moi, vous n'avez pas tous les ravissants défauts que je vous souhaiterais, un surtout...

— Vous êtes fou; voulez-vous en attendant une preuve de mon odieux caractère?

— Je la désire ardemment, ce sera toujours cela.

— Écoutez-moi donc, et surtout ne m'interrompez pas. Une de mes amies intimes, très-méchante aussi, avait une vengeance à exercer contre une femme de sa connaissance; vous n'avez pas besoin de savoir le pourquoi de cette vengeance. Mon amie était belle, ou plutôt jolie, vive, coquette, légère, ce que je vous donne comme qualités, selon votre désir, et non pas du tout comme défauts ; joignez à cela un esprit assez amusant, du charme et beaucoup *d'en train*, pardon de cette vulgarité, et vous aurez son portrait. La femme dont mon amie voulait se venger était belle aussi ; mais prétentieuse, hautaine et fausse au dernier point ; elle semblait pourtant sérieusement occupée d'un homme... Pourquoi ne le dirais-je pas ? oui, d'un homme fort agréable, assez excentrique, enfin qui ne ressemblait pas à tout le monde : aujourd'hui gai, amusant, aimable ; demain bizarre, maussade, ennuyeux et ennuyé. Pourtant, dans un de ses beaux jours de raison, de bon sens, il s'était montré très-empressé auprès de mon amie, qui le trouva, me dit-elle, fort bien, trop bien peut-être.... Dans cette circonstance, mon amie vint me demander conseil.

— Eh bien ! vous avez, j'espère, conseillé à votre amie ce que je lui aurais conseillé moi-même, de se venger de la femme prétentieuse, en faisant secrètement le bonheur de l'homme excentrique. Une pensionnaire aurait trouvé cela ; les moyens les plus simples sont toujours les meilleurs.

— Ne m'interrompez donc pas. Mon amie

attendant mon avis, j'ai voulu savoir le caractère de l'homme excentrique, s'il était sûr, sincère, et non pas indiscret et étourdi.

— Eh bien, madame?

— Eh bien, monsieur, c'était un de ces hommes assez rares, auxquels une femme peut tout confier, qui comprennent tout, apprécient tout, admettent tout, quitte ensuite à dire franchement ce qu'ils pensent, mais qui ensevelissent la confidence dans le secret le plus impénétrable. S'il est ainsi, dis-je à mon amie, vous n'avez qu'une chose à faire, c'est d'être inconséquente, osée, hardie, ou plutôt d'être enfin ce que nous ne sommes presque jamais, — franche et vraie; — en un mot, — dites à l'homme excentrique : « Vous voulez me plaire,
» mais je vous sais occupé; or, non-seulement
» une affection partagée ne peut me convenir,
» mais, si j'agrée vos soins, je veux une preuve,
» un moyen sûr de rendre impossible pour l'a-
» venir tout retour à la personne que vous
» m'aurez sacrifiée. En un mot, envoyez-moi
» toutes ses lettres, avec un billet significatif et
» très-compromettant à ce sujet, et... l'avenir
» est aux heureux... » Eh bien! ne donnais-je pas là un affreux conseil à mon amie? — m'a dit madame de V* en terminant.

— Je pourrais vous répondre, madame, grâce à la même allégorie, et me créer à l'instant un ami intime qui se trouverait être justement l'homme excentrique de votre amie intime. Mais, tenez, pas de détours, parlons franchement; vous me connaissez assez pour savoir que je suis secret. Est-ce une perfidie que vous me demandez? N'accueillerez-vous mes soins qu'à cette condition?

— Mais, monsieur, vous êtes fou...

— Pas du tout.

— Mais pourquoi supposer que ce que je vous dis de mon amie soit un prétexte pour vous parler de moi? et que je pense le moins du monde à accueillir vos soins?

— Eh bien, soit, supposez que l'homme excentrique ait ainsi parlé, et non pas moi.

— A la bonne heure, de la sorte on peut causer, nous rentrons dans le vrai. Vous auriez donc demandé à mon amie si elle exigeait véritablement de vous une perfidie? Et si elle l'eût exigée, qu'auriez-vous répondu?

— Que je me sentais capable, surtout avec elle, de faire toutes sortes d'infidélités... mais jamais de trahison.

— Et si mon amie avait pourtant mis ses bontés à ce prix?

— Cela ne se pouvait pas.

— Comment ?

— J'aurais pris cela pour une plaisanterie, et refusé obstinément d'en être dupe.

— Pourquoi une plaisanterie ?

— Parce qu'il n'y a pas une femme capable d'une telle pensée.

— C'est un peu fort !

— Je pense comme cela.

— Aucune femme ?

— Aucune !

— Mais je vous dis que, moi, j'ai conseillé cela à mon amie.

— Permettez-moi de douter de ce que vous dites.

— C'est insupportable ; j'ai eu la pensée de cette perfidie, et je la lui ai conseillée, vous dis-je.

— Je ne puis vous croire ; je sais trop la noblesse de votre caractère pour ajouter foi à ces calomnies, que vous faites contre vous-même.

— Enfin, supposez maintenant que je vous dise cela... à vous.

— A moi ?

— A vous.

— Je ne puis supposer l'impossible.

— Mais je vous le dis à cette heure.

— Sérieusement vous me dites cela? vous me faites ces conditions?

— Très-sérieusement.

— Eh bien, sérieusement, vous voulez vous moquer de moi.

— Vous êtes humble au moins.

— Très-fier au contraire de ne pas admettre que vous me croyiez capable d'une lâcheté. Mais, tenez, ne parlons plus des autres, parlons de vous et de moi; agréez mes soins, sans condition, ou plutôt à condition que vous me rendrez tout aussi infidèle que vous le voudrez.

— Et ces lettres?

— Encore cette folie! Croyez-vous donc que je ne vois pas que c'est un moyen fort adroit d'ailleurs de m'éprouver? de savoir si vous pouvez compter sur moi, sur ma sûreté, sur ma probité en amour? aussi, entre nous, je ne peux m'empêcher d'augurer fort bien pour mon bonheur à venir de cette précaution de votre part.

— La confiance ne vous manque pas, au moins.

— Est-ce donc être vain que de désirer, que d'espérer ardemment?...

— Ces lettres? ces lettres?

— Toujours cette plaisanterie ? Quant à cette épreuve, je vous le répète, je la trouve parfaite, car quelle femme pourrait avoir l'ombre de confiance, d'estime ou de tendresse pour un homme capable d'une telle misère ? Ne devrait-elle pas craindre qu'un jour aussi ses lettres ?...

— Certes, elle pourrait craindre cela, si elle était assez sotte pour écrire... — ajouta madame de V* avec une assurance dégagée qui me choqua. . . . .
. . . .

Par la fin de notre entretien, je m'assurai qu'en effet madame de V* ne me donnerait quelque espérance qu'au prix de cette perfidie.

Ce calcul m'a paru doublement odieux de sa part; sans doute parce qu'il blessait mon amour-propre, en cela que chez madame de V* le désir de se venger de madame de Pënâfiel (vengeance dont j'ignorais d'ailleurs le motif) passait avant le goût qu'elle prétendait ressentir pour moi.

Je suis sorti de chez madame de V* assez désappointé. J'avais compté sur une entrevue sinon plus tendre, du moins beaucoup plus décisive; la réputation de légèreté de madame de V* étant telle que je croyais voir agréer mes soins sans conditions ; or, celles qu'elle me faisait positivement étaient aussi exorbitantes qu'inadmissibles.

Chose étrange ! autant hier, lorsque je songeais à tromper Marguerite, mon amour pour elle m'avait paru s'accroître... autant aujourd'hui, après cette sorte d'échec à la trahison que je méditais, mon affection semble se refroidir.

Cette impression, peut-être exagérée, sera sans doute éphémère ; — mais je l'éprouve.

En pensant à la soirée que je vais passer près d'elle, je sens que je me serais montré beaucoup plus tendre, beaucoup plus aimable, si j'avais eu quelque tort réel à me reprocher et à lui cacher.

Sans doute j'avais bien agi en me refusant à ce que madame de V* espérait de moi ; mais je ne pouvais trouver dans mon procédé, si naturel d'ailleurs, aucune satisfaction de conscience ; car Marguerite me plaisait beaucoup plus que son *ennemie* : en n'hésitant pas entre elles deux, je n'avais fait aucun sacrifice.

Néanmoins il m'est presque impossible de ne pas ressentir une sorte de violent dépit contre madame de Pënâfiel en pensant que sans l'inimitié qu'elle a inspirée à madame de

V*, il m'eût sans doute été facile de lui faire une infidélité passagère, qui aurait eu pour moi beaucoup de charmes et de piquant.

Rien de plus égoïste, de plus injuste, de plus cruellement ridicule que mon irritation contre Marguerite, parce qu'elle m'a involontairement privé d'un plaisir dont l'éclat pouvait lui devenir une peine amère.

J'avoue ces misères ; mais je pense ainsi, et c'est sous l'influence de ces idées que je vais me rendre chez madame de Pënâfiel.

Quelle sera l'issue de cette soirée ? Je ne sais, mais j'ai de tristes pressentiments.

CHAPITRE XI.

MÉFIANCE.

Fatale, fatale soirée que celle-là[1] ! Pourrai-je me la rappeler ?... Oui, mes souvenirs sont encore si douloureux qu'ils ne me manqueront pas !

Je suis arrivé à neuf heures et demie à l'hô-

---

[1] Ce chapitre du journal d'un inconnu semble avoir été écrit quelque temps après les événements qu'il retrace.

tel de Pënâfiel, dans une disposition d'esprit aigre et maussade.

« Comme vous venez tard ! — m'a dit Marguerite en souriant et d'un ton de reproche amical ; mais j'ai tellement hâte de vous dire mon secret, mes projets du mois de mai, que je ne veux pas perdre de temps à vous gronder. Asseyez-vous là, près de moi, et soyez muet.

Satisfait de cette recommandation, qui me permettait de cacher mon humeur chagrine, je baisai la main de Marguerite, et je lui dis d'un air sérieux, qu'elle crut feint : — Me voici d'une gravité, d'une attention complète ; je vous écoute.

— Tout ce que j'espère, c'est que cet air grave, cette attention, seront tout à l'heure fort dérangés par l'étourdissement imprévu de ce que j'ai à vous dire, — ajouta en riant madame de Pënâfiel ; — mais qu'importe ! ne m'interrompez pas... Je voulais aller ce matin chez mademoiselle Lenormand, non-seulement à cause de mon jour de naissance, mais encore parce que j'étais curieuse de savoir si cette rare devineresse m'aurait su prédire que le plus grand bonheur que j'aie rêvé de ma vie était

sur le point de se réaliser. Ce bonheur le voici :
— le 1er mai je quitte Paris...

— Vous partez !...

— Silence, — me dit Marguerite en mettant son joli doigt sur ses lèvres ; — vous voilà déjà tout ému, rien qu'au commencement ; que sera-ce donc tout à l'heure ? Je reprends : je pars le 1er mai, n'emmenant avec moi qu'un homme de confiance et ma vieille femme de chambre, mademoiselle Vandeuil. Le but apparent de mon voyage est un séjour de quelques mois dans une de mes terres, en Lorraine, que je n'ai pas visitée depuis longtemps....

— Je devine....

— Vous ne devinez pas du tout. A six lieues de Paris je m'arrête ; je laisse ma voiture chez le père de ma femme de chambre qui m'est tout dévoué, et je reviens à Paris, devinez où ?

— En vérité, je ne sais....

— Dans une modeste mais charmante petite demeure, située au fond d'un quartier perdu, et je m'y installe sous le nom de madame Duval, jeune veuve arrivant de Bretagne à Paris pour s'occuper d'un procès.... Eh bien ! que vous disais-je ? vous voilà, comme je m'y attendais, tout étonné, tout stupéfait, — dit Marguerite.

Je n'éprouvais ni étonnement, ni stupéfaction, mais un sentiment bien autre.

Soit par suite de la disposition chagrine de mon esprit irrité ou de ma défiance naturelle, ces projets de retraite venaient de rappeler tout à coup à ma mémoire un des mille bruits odieux qui avaient couru sur madame de Pënâfiel, et entre autres les mystérieuses aventures qu'on prétendait s'être passées dans une petite maison ignorée qu'elle possédait. Depuis, Marguerite m'avait toujours nié ce fait comme tant d'autres calomnies absurdes, qui, ne pouvant s'attaquer à aucune évidence, étaient réduites à supposer mille incidents secrets. — Aussi, étourdi par le bonheur idéal que je goûtais depuis deux mois, ou plutôt pendant cet accès de raison et de félicité, j'avais eu l'esprit de ne pas songer un moment au passé: Près de cette femme charmante, j'avais aveuglément cru ce qu'il est toujours si commode, et si bon, et si sage, de croire, que j'étais uniquement aimé, j'avais aveuglément cru à la noble explication qu'elle m'avait donnée de sa conduite ; j'avais enfin oublié les lâches et misérables défiances qui déjà m'avaient rendu si cruellement injuste à son égard. Pourquoi retombai-je alors, et à propos de ce projet de retraite, dans tous mes abominables rêves de méfiance? Je ne sais, mais, hélas! j'en subis la douloureuse obsession.

— Une fois établie dans ma maisonnette, — continua madame de Pënâfiel, — je reçois chaque jour mon frère; ce frère... c'est vous, car vous restez ostensiblement à Paris; seulement, de temps à autre, vous vous montrez à l'Opéra, dans le monde; puis, quittant bien vite tous les brillants ennuis de votre élégance habituelle, vous venez modestement ici, chaque jour, passer de longues heures auprès de votre sœur bien-aimée; toutes les heures enfin que vous laisseront vos apparitions mondaines. Eh bien! Arthur, que dites-vous de cette folie? n'est-elle pas charmante? Oh! mon ami, si vous saviez la joie d'enfant que je me promets de cette existence si intimement partagée avec vous, de cette obscurité, de ce mystère, de ces longues promenades, de ces soirées passées loin d'un monde importun et jaloux, de ces journées toutes à nous et si diversement remplies! Car vous ne savez pas, Arthur, nous aurons là un salon où nous trouverons de quoi peindre et faire de la musique; là seront les livres que vous aimez, ceux que j'affectionne. L'habitation est petite, mais commode; le jardin très-grand, très-ombragé, très-esseulé. Notre maison, ne vous moquez pas trop de ces détails de ménage, notre maison se composera de ma femme de chambre, d'une seconde femme qu'elle prendra et d'un homme pour vous. D'avance je me fais une fête de reconnaître, j'en suis sûre, qu'on peut être parfaitement heureux de la vie la plus médiocre, et de juger par nous-mêmes de ces existences modestes dont nous autres riches ne soupçonnons pas même les conditions... en un mot, mon ami, tant que vous ne vous lasserez pas de cette solitude, mon intention est d'y vivre; et puis, c'est peut-être un enfantillage, mais cet isolement complet de Paris au milieu de Paris m'amuserait au possible, si notre bonheur m'en laissait le temps. D'ailleurs, mon projet ne peut réussir qu'à Paris, car, disparaissant tous deux, le monde aurait bien vite pénétré la vérité; tandis que, vous y restant, ses soupçons seront déroutés. Mais ce qui sera charmant, ce seront les commentaires sur mon absence, les mensonges de toutes sortes qu'on débitera, et surtout les preuves à leur appui. Mon Dieu! quand je pense à tout ce que vous entendrez dire, j'envie presque votre place.

Mais vous voyez que j'use largement du droit que j'avais réclamé, de ne pas être interrompue ; c'est qu'aussi on ne peut cesser de parler d'un bonheur qu'on attend, qu'on désire... oh! qu'on désire de toutes les forces de l'amour et de l'espérance, — ajouta Marguerite en me tendant la main d'un air radieux et épanoui.

Je l'avais à peine écoutée. — Ses projets, je le répète, venaient de réveiller en moi des soupçons infâmes, si heureusement endormis pendant deux mois de souverain bonheur. Cette adoration pieuse et profonde pour la mémoire de son mari, qui avait dû m'expliquer la vie de Marguerite, ne me parut plus alors qu'une fable grossière dont je m'indignais d'avoir été un instant la dupe ridicule. — Je crus de nouveau et plus opiniâtrément que jamais à toutes les odieuses calomnies d'autrefois. Aussi, cruellement irrité d'avoir cédé à un élan de noble confiance, et un moment oublié ce que j'appelais *ma pénétration et ma sagacité*, les ressentiments les plus détestables se soulevèrent dans mon cœur. — Partant enfin de cette supposition, que ce que Marguerite me proposait avec une grâce si charmante, elle l'avait pareillement proposé à d'autres, sans doute dans les mêmes termes et en feignant la même naïve et joyeuse espérance; ne trouvant alors rien de plus révoltant que cette fausseté gratuite, rien de plus sot que mon rôle, si je paraissais croire à ce désir soudain de bonheur ignoré, que j'étais sensé éveiller dans le cœur de Marguerite, concentrant mon dépit haineux en une ironie glaciale, je répondis :

— Sans doute ce projet est du dernier joli, et cette idée de retraite mystérieuse au milieu de Paris me paraîtrait fort originale, si je ne savais que c'est une redite... Or, quant à moi, dans certaines circonstances, je les trouve insipides.

— Mon Dieu, avec quelle froideur vous accueillez ma proposition ! — me dit tristement Marguerite en s'apercevant enfin du changement de mes traits ; — moi qui croyais vous voir partager ma joie !... moi si heureuse, si profondément heureuse de cet avenir de bonheur et de mystère !

— Cette joie imperturbable prouve du moins la fraîcheur toujours renaissante de vos sensations; sans cela, vous seriez, ce me semble, un peu blasée sur cette espèce de bonheur et de mystère-là...

— Que voulez-vous dire ?

— Je veux dire que cette retraite ne sera pas

témoin pour la première fois de ces amours secrets et passionnés dont je dois être le héros... à mon tour.

— En vérité, je ne vous comprends pas, Arthur; expliquez-vous... Tenez, je ne sais pas pourquoi, mais vous me glacez...

— Vous voulez que je m'explique?... Eh bien! soit. Se faire dire certaines choses qu'on sait à merveille est une fantaisie comme une autre, par exemple, comme celle d'éprouver successivement ses amants par la solitude... dernière épreuve après laquelle ils sont sans doute définitivement classés selon leurs mérites.

— Je vous dis que je ne vous comprends pas, Arthur; et pourtant votre regard froid et ironique me fait mal, il me rappelle ce jour affreux où... Mais dites, qu'avez-vous? Expliquez-vous, mon Dieu! expliquez-vous! que pouvez-vous me reprocher? Ce projet vous déplaît-il? j'y renonce, n'y pensons plus; mais, au nom du ciel, dites-moi ce que vous avez? D'où vient ce changement? Hier encore, ce matin, vous étiez si bon, si aimant... votre dernière lettre... était si tendre!!...

— Hier et ce matin encore, j'étais un sot et un aveugle; je suis peut-être tout aussi sot à cette heure, mais au moins j'ai les yeux ouverts.

— Les yeux ouverts! — répéta Marguerite sans comprendre.

— Quant à ma dernière lettre, vous savez comme moi... mieux que moi, que, s'il est encore assez difficile de bien feindre la vérité dans la parole, dans le geste et dans l'accent, rien n'est plus facile et plus vulgaire que de mentir dans une phrase étudiée, réfléchie tout à l'aise... Ainsi lorsque je vous ai écrit cette dernière lettre... si tendre comme vous dites, je venais d'obtenir un rendez-vous de madame de V*.

— Arthur, Arthur! vous plaisantez cruellement! et, sans le vouloir, vous me faites bien du mal...

— Je ne plaisante pas, je vous jure ; je parle au contraire très-sérieusement, très en ami... afin que vous ne soyez pas plus dupe de ma fausseté... que je ne veux l'être de la vôtre.

— Dupe?... dupe de ma fausseté?
— Oui.
— Dupe de ma fausseté !... Quelle expression étrange dans votre bouche !... Et pourquoi seriez-vous ma dupe? Qu'est-ce que cela signifie? Mais c'est inexplicable... et à quel propos, mon Dieu! me dites-vous cela?

— Je vous dis cela à propos de ce que vous

savez mieux que moi : c'est que je ne suis pas le premier de vos amants à qui vous ayez proposé cette divertissante pastorale de faubourg.

Marguerite joignit ses mains et les laissa tomber sur ses genoux en me regardant avec des yeux fixes et arrondis par la stupéfaction et la douleur. Mais je continuai résolument, bien que le cœur me battît fort et vite... et que le souvenir du dernier entretien que j'avais eu autrefois avec Hélène me traversât la pensée, brûlant et douloureux comme un trait de feu :

— Voyez-vous, ma chère, au milieu des distractions du monde, on peut assez convenablement remplir son office d'amant, et ignorer de bonne grâce les antécédents de cœur de l'objet aimé ; rien de plus ridicule, d'ailleurs, que cette inquiétude du passé ; car vous appartient-il ? L'avenir reste, et le diable sait ce qu'il nous réserve. Mais pour remplir avec quelque supériorité ce rôle d'amant sans aïeux... dans cette mystérieuse idylle qui a pour spectatrices habituelles vous et votre femme de chambre ; mais pour jouer au moins comme les autres à *une maisonnette et son cœur !* il faut être meilleur ou plus mauvais comédien que je ne le suis. D'honneur, ma chère Marguerite, je craindrais trop de paraître inférieur à mes nombreux dévanciers, et je tiens à vous laisser la bonne opinion que vous avez de moi.

—Ah! mon Dieu... je fais là un rêve affreux, et je souffre beaucoup... — dit-elle en portant ses mains tremblantes à son front.

Mes artères battaient à se rompre; j'avais par instant la conscience de causer un terrible chagrin à cette malheureuse femme, en flétrissant avec une ironie si grossière et si insolente l'avenir enchanteur qu'avait rêvé son amour. Je me figurais en frémissant ce qu'elle devait souffrir si véritablement j'avais été sa première affection depuis la mort de son mari... Mais ma défiance ombrageuse, encore exaltée par les souvenirs de tant de bruits odieux répandus sur Marguerite, et surtout ma *crainte d'être dupe*, étouffant ces lueurs de raison, je ne trouvai pas d'expression assez méprisante pour insulter à ce que j'appelais l'implacable fausseté de cette femme.

Bientôt elle fondit en larmes.

Elle ne s'indigne pas de mes soupçons! elle supporte de pareilles brutalités! La sincérité serait moins patiente, le mensonge seul est lâche. Elle m'a d'ailleurs cédé, pourquoi n'aurait-elle donc pas cédé à d'autres?... Telles furent les seules pensées que fit naître en moi cette douleur silencieuse et éplorée.

Elle pleura longtemps.

Sans lui dire un seul mot de consolation, je la regardais d'un air sombre et haineux, irrité contre moi, et l'accusant pourtant des mille sentiments douloureux qui m'agitaient.

Tout à coup Marguerite redressa son visage pâle et marbré, regarda autour d'elle avec égarement, se leva droite et fit un pas ou deux en disant : « Non, non, ce n'est pas un rêve... c'est une réalité... c'est bien... — Puis les forces semblant lui manquer, elle retomba sur son fauteuil...

Alors essuyant ses yeux, elle me dit d'une voix ferme : « Pardon de cette faiblesse, c'est que, voyez-vous, depuis que je vous ai tout dit... c'est la première fois que vous me traitez ainsi... Pourtant je vous crois beaucoup moins cruel que vous ne le paraissez. Il est impossible que de gaieté de cœur vous me fassiez un mal si affreux ; non, cela est impossible : aussi je ne vous en veux pas ; on vous a abusé, et vous avez cru à des calomnies. Eh bien ! ni vous, ni moi, n'est-ce pas, mon ami, nous ne pouvons sacrifier notre bonheur à venir à de si misérables médisances? Vous allez donc me dire, me confier vos soupçons, les preuves que vous croyez avoir de ma fausseté, et je les détruirai d'un mot, entendez-vous, d'un seul mot, car la vérité a un langage auquel rien ne résiste... Encore une fois je ne vous en veux pas, Arthur! Pour traiter une femme ainsi que vous m'avez traitée, et cela dans un moment où, radieuse d'amour et d'espérance, elle venait à vous pour... Mais non, non, il ne s'agit plus de cela... encore une fois, pour traiter une femme avec ce mépris et cette dureté, il faut avoir de sérieuses preuves contre elle, n'est-ce pas? Eh bien, dites... dites... quelles sont-elles? »

Ce calme et noble langage m'irrita, car il me fit rougir de honte. Comment oser avouer qu'un méchant caprice d'incurable défiance, que le vague souvenir d'une calomnie, que le dépit surtout de n'avoir pas réussi auprès de madame de V* aussitôt que je l'espérais avaient seuls provoqué ma brutale et insolente réponse? Aussi, par orgueil je ne voulus point avouer que j'avais agi comme un insensé, et je continuai d'être cruel, injuste, ou plutôt fou de méchanceté.

« Madame, — dis-je avec hauteur, — je n'ai

pas à expliquer mes convictions; elles me suffisent, et je m'y tiens.

— Mais elles ne me suffisent pas, à moi? J'ai été indignement calomniée à vos yeux, et je veux être justifiée!

— On ne vous a pas calomniée; je crois ce que je crois...

— Il croit! mon Dieu, il croit!... et vous croyez sans honte que j'ai parlé à d'autres de ce rêve de bonheur?... Et vous osez croire que je suis assez vile, assez lâche, assez basse pour mentir ainsi chaque jour, et que l'infamie est chez moi une habitude?...

— Il n'y a là ni infamie, ni lâcheté, ni bassesse, ni mensonge; vous avez fait beaucoup... beaucoup d'heureux... et je sais que leur bonheur dut être ravissant. Vous m'avez raconté une très-excellente histoire de fidélité conjugale, survivant même au défunt, tout à fait dans le goût de celle des veuves du Malabar. Ce souvenir d'un trépassé adoré, choyé, fêté, caressé comme une réalité, était une traduction un peu libre... mais du moins assez originale de votre vie, au contraire, si amoureusement remplie; c'était de plus un bon procédé de votre part, pour me faire croire à mon *uniquité*; j'ai répondu à cela par un autre bon procédé en ne vous tracassant pas là-dessus, et feignant d'être votre dupe ; d'ailleurs, j'étais censé avoir le premier triomphe du cher mort... lutte, il est vrai, peu flatteuse... mais...

— Malheureux ! — s'écria Marguerite en m'interrompant, et se levant droite, majestueuse, presque menaçante, l'œil brillant, les joues colorées d'indignation. Puis, s'appuyant tout à coup sur un meuble, elle se dit à voix basse, et comme écrasée par le remords : — J'ai mérité cela... j'ai mérité cela... souffre, malheureuse femme..., à qui oserais-tu te plaindre maintenant !!!...»

A travers les mille impressions tumultueuses qui luttaient dans mon âme, je sentis un mouvement de pitié profonde et de terreur épouvantable ; j'allais peut-être revenir à la raison, lorsque Marguerite ayant essuyé ses larmes, me dit d'une voix brève : « Pour la dernière fois, monsieur, croyez-vous à une seule de ces infâmes calomnies ? Songez-y bien... votre réponse fixera ma destinée et la vôtre !...»

Ce ton de menace me mit hors de moi, je devins fou ou plutôt le jouet de je ne sais quel vertige.

M'approchant de Marguerite, je lui dis en lui prenant la taille :

« D'honneur, ma chère, l'indignation vous sied au moins aussi bien qu'un bonnet de madame Baudrand ; jamais vous ne m'avez semblé plus jolie. Allons, mon ange, mon Don-Juan féminin, viens tromper à la fois les amants d'hier et ceux de demain... et faire à ce pauvre marquis défunt une nouvelle infidélité posthume...»

D'abord elle m'écouta stupéfaite, puis elle jeta un cri déchirant, me repoussa avec violence, et disparut dans sa chambre à coucher dont j'entendis brusquement fermer le verrou.

. . . .
. . . .

Je revins chez moi comme un homme ivre.

Je n'avais qu'une sorte de perception confuse de ce qui venait de se passer.

Le soir je fus pris d'un accès de fièvre très-violent ; j'eus, je crois, le délire toute la nuit.

Le lendemain, mon valet de chambre me remit un paquet cacheté.

C'étaient mes lettres à Marguerite.

« Qui a apporté cela ? — lui dis-je.

— Mademoiselle Vandeuil, monsieur, à deux heures du matin.

— Et madame de Pënâfiel ?

— Madame la marquise est partie cette nuit en poste; ses gens ignorent dans quelle direction.

CHAPITRE XII.

RENCONTRE.

Il est inutile de dire l'amertume de mes regrets et de mes remords, après le départ de madame de Pënâfiel. Je ressentis, dans un autre ordre d'idées, les mêmes déchirements qu'autrefois, en suite de ma rupture avec Hélène. Seulement, avant de renoncer absolument à cette noble fille, il m'était resté longtemps un doux et vif espoir d'obtenir sa main; tandis que je ne pouvais plus penser à revoir Marguerite. Comme toujours, l'affection qu'elle m'avait témoignée m'apparut dans toute son enivrante douceur lorsque je l'eus perdue, et, par une contradiction fatale, je me sentais l'aimer plus passionnément que jamais.

Je m'appesantissais avec une sorte de jouissance cruelle sur tout ce que je venais de sacrifier si indignement, non pas à la défiance, mais à une espèce de monomanie aussi méchante qu'imbécile ; j'en souffrais affreusement, sans doute ; mais qu'importait cela ? Le fou furieux souffre aussi ; le mal qu'il fait est-il moins du mal.

Que dirai-je encore ? l'image de cette femme séduisante m'apparaissait plus belle, plus voluptueuse que jamais... Enfin, cette désolante vulgarité, *qu'on ne connaît le prix du bonheur qu'alors qu'on l'a perdu,* fut le thème douloureux que mon désespoir varia sous toutes les formes.

Accablé par un regret aussi écrasant, que pouvais-je faire ?

Hélas ! lorsque l'homme est d'une nature si malheureuse, que l'amour, l'ambition, l'étude, ou les obligations sociales ne lui suffisent pas pour occuper son esprit et son cœur ; lorsque surtout il dédaigne ou méconnaît cette bienfaisante nourriture spirituelle que la religion lui offre comme un salutaire et inépuisable aliment ; son âme, ainsi privée de tout principe généreux, réagit à vide sur elle-même... alors les chagrins sans nom, les mornes et pâles ennuis, les doutes rongeurs, désespérants fantômes... naissent presque toujours de ces élucubrations ténébreuses, solitaires et maladives.

Si l'homme, au contraire, applique cette énergie qui s'use et se dévore elle-même, à l'observance rigoureuse des lois que Dieu et l'humanité lui imposent ; s'il parvient à jalonner, pour ainsi dire, sa carrière, par l'accomplissement de ses devoirs ; à se tracer de la sorte une route nette et droite, qui aboutisse à une espérance d'immatérialité après la mort ; la vie de l'homme devient logique et se déduit conséquemment du principe qui le fait agir et des fins auxquelles il tend. Alors tout s'enchaîne avec un admirable ensemble ; chaque effet a sa cause et son résultat. Enfin, au lieu d'errer misérablement sans intérêt, sans espoir et sans frein, il marche vers un but. Fausse ou vraie, il suit du moins une voie... et si les magnifiques perspectives qui la couronnent, et sur lesquelles il attache si ardemment le regard, ne sont qu'un mirage éblouissant... qu'importe !... si ce consolant et divin mirage l'a conduit au terme de son existence, le cœur rempli de joie, d'espérance et d'amour !

. . . .

Mais, hélas ! ces nobles pensées avaient beau me venir à l'esprit, je ne me sentais ni le vouloir ni l'énergie de les suivre.

Aussi je retombais de tout le poids de mon

abattement dans le vide de mon cœur. Je sentais mon mal, et je n'avais pas le courage de chercher sa guérison. J'agissais avec la faiblesse de ces gens qui, s'opiniâtrant dans la douleur, préfèrent une souffrance sourde et continue à l'action héroïque, mais bienfaisante, du fer ou du feu.

. . . .

Je menais une vie misérable ; le jour je faisais défendre ma porte aux rares visiteurs que ma réserve et mon isolement dans le bonheur n'avaient pas éloignés de moi. Quelquefois aussi je me livrais à des exercices violents, je montais à cheval, je faisais des armes avec fureur, afin de me briser, de m'anéantir par la fatigue, croyant ainsi engourdir la pensée dans l'épuisement du corps.

Puis, quand le soir arrivait, j'éprouvais je ne sais quel âpre et étrange plaisir à m'envelopper d'un manteau, et à errer ainsi seul à l'aventure dans Paris, surtout par des temps sombres et orageux.

Je me livrais alors à une sorte d'emportement dédaigneux, aussi ridicule que puéril, en passant devant de somptueux hôtels, devant les théâtres éclairés, en voyant ces voitures rapides qui se croisaient en tout sens pour aller à ces fêtes : — Moi aussi, si je voulais, j'ai ma place dans ces salons joyeux, dans ce monde si splendide et si envié ; si je voulais, à cette heure, mes chevaux impatients m'y transporteraient ! Cette existence que je dédaigne ferait la joie et l'orgueil du grand nombre, et pourtant, par je ne sais quel honteux caprice qui insulte au bonheur tout fait que le destin m'a donné, je préfère errer ainsi à pied, en promenant une tristesse incurable à travers ces rues fangeuses. Une femme belle et jeune, noble et spirituelle, qui réunit enfin tout ce qui peut flatter la vanité de l'homme, m'a enivré de l'amour le plus pur, et après deux mois d'un bonheur idéal, sans raison et sans honte, j'ai follement, j'ai brutalement foulé aux pieds cet amour avec colère et mépris ! Et je n'ai pas même le courage de cette colère et de ce mépris, car maintenant je rougis de ma conduite, je pleure, je suis le plus misérable des hommes ; je vais me cachant comme un criminel ; et ces créatures immondes et effrontées qui errent çà et là dans la boue, me parlent... à moi... A moi qui, à cette heure, pourrais être aux genoux d'une femme dont tous admirent l'élégance, l'esprit et le charme ! d'une femme qui m'avait offert de réaliser le rêve de la félicité la plus souveraine, et qui peut-être à cette heure tiendrait ma main dans la sienne, et me dirait d'une voix enchanteresse et les yeux humides de tendresse : — A vous mon âme, à vous ma vie !...

. . . .

En vérité, cela était affreux, et pourtant, par une bizarrerie fatale de mon malheureux esprit, je trouvais une sorte de jouissance aussi amère qu'inexplicable, dans le contraste de ce présent si sombre, si abject, et de ce passé si éblouissant.

C'était donc un soir; cinq ou six jours après le départ de Marguerite, je me trouvais alors dans le douloureux paroxysme de mes regrets. La nuit était sombre, la pluie tombait, fine et froide; je m'enveloppai dans un manteau, et je sortis.

Je ne m'étais jamais figuré l'effroyable tristesse des rues de Paris à cette heure; rien de plus lugubre que la pâle réflexion des réverbères sur ces pavés couverts d'une boue noire et fétide, et dans l'eau stagnante des ruisseaux. En marchant ainsi au hasard, je pensais souvent à l'épouvantable sort d'un homme sans asile, sans pain, sans ressource, et errant ainsi que j'errais.

Je l'avoue, quand ces idées venaient m'assaillir, si je rencontrais sur mon chemin, par ces nuits orageuses, quelque femme portant un enfant déjà flétri par la misère, ou un vieux mendiant tremblant et décharné, je leur faisais une riche aumône, et, quoique le vice eût sans doute plus de part à leur détresse que la destinée, j'éprouvais un moment de bien-être en voyant avec quelle stupéfaction ils touchaient une pièce d'or.

Et puis alors se déroulait à ma vue l'effroyable tableau de la misère! non pas de la misère isolée de l'homme qui, bâtissant une hutte de feuilles ou se blottissant dans le creux d'un rocher, pourrait au moins respirer un air vif et pur, et avoir pour consolation le soleil et la solitude; mais cette misère sordide et bruyante des grandes villes, qui se rassemble ou se presse dans d'infects réduits pour avoir chaud.

J'avais alors des terreurs insurmontables, en me supposant obligé par je ne sais quelle fatalité de vivre de la même vie, pêle-mêle avec ces malheureux que la pauvreté déprave autant que le crime.

Je pâlissais d'effroi : car la condition la plus laborieuse, mais exercée dans la solitude et au grand air, ne m'aurait jamais épouvanté; mais quand je songeais encore à cette existence forcément rapprochée, à ce contact hideux et continu des gens des prisons et des bagnes, par exemple ! il me prenait quelquefois des frayeurs si folles, que je ne pourrais dire avec quelle dilatation, avec quel bonheur je retrouvais, en rentrant, ma maison bien éclairée, mes gens attentifs, mes livres, mes tableaux, mes portraits, tout cet intérieur paisible et confortable enfin où je me précipitais comme dans un lieu de refuge.

Oh ! c'est alors qu'à genoux, à deux genoux je remerciais mon père de la fortune que je lui devais ! Triste reconnaissance que celle-là ! qui avait besoin d'une frayeur sordide pour me monter au cœur et ranimer un instant ces souvenirs déjà si lointains et si oubliés !

. . . .

Mais je reviens à ma promenade nocturne.

Un soir, tout en suivant les rues presque machinalement, j'arrivai sur le boulevard de la Bastille. La lune jetait une lueur indécise à travers les nuages rapides qui obscurcissaient son disque, car il ventait beaucoup, et une pluie fine et serrée tombait avec abondance. Il pouvait être environ neuf heures.

Parmi quelques maisons isolées, situées près

de l'ancien jardin de Beaumarchais, je remarquai une d'elles, parce qu'elle me parut neuve et singulièrement propre; elle était très-petite, et une grille à hauteur d'appui défendait une espèce de carré de jardin, pareil à ceux qu'on voit devant les maisons en Angleterre. En dehors de ce jardin et à l'un des angles de la maison, était une porte verte à marteau de cuivre; il n'y avait qu'un étage, trois fenêtres au rez-de-chaussée, et trois fenêtres au premier. A travers les volets fermés, je remarquai deux trous très-petits, sans doute destinés à laisser passer le jour à l'intérieur; une vive lumière s'échappait de ces ouvertures pratiquées à la hauteur de mes regards. Je cédai à un moment d'insouciante curiosité, et je regardai.

On avait laissé les rideaux ouverts; je pus donc voir à travers les vitres l'intérieur de cet appartement.

Mais que devins-je, grand Dieu! quand je reconnus Hélène!

J'étais stupéfait, car je la croyais encore en Allemagne avec sa mère.

Je détournai un instant ma vue; car mon émotion était saisissante, profonde.

Et mon cœur battait si violemment que ses pulsations m'étaient douloureuses; pourtant, dominé par une ardente curiosité, je regardai de nouveau.

— Oh! qu'Hélène me parut embellie! Elle n'était plus frêle et un peu courbée comme autrefois, ses épaules étaient élargies, ses formes plus développées, plus arrondies ; mais sa taille charmante, toujours fine et svelte. Puis ses joues fraîches et roses, son front calme et pur, tout son extérieur, enfin, révélait une apparence de quiétude et de sérénité qui, je l'avoue, me fit un mal horrible ; car je me vis à tout jamais oublié... puisqu'elle ne semblait pas souffrir.

Hélène était vêtue d'une robe de soie noire, ses admirables cheveux blonds tombaient en grosses boucles sur son front et sur son cou, et, comme toujours, je remarquai qu'elle était chaussée à ravir.

A mesure que mon œil s'habituait à regarder par un si petit espace, l'horizon que je pouvais embrasser s'agrandissait ; aussi, je ne puis exprimer ce que je ressentis, quand à travers une porte entr'ouverte je vis un berceau d'enfant !.....

Hélène, assise dans un profond fauteuil, ses jolis pieds croisés l'un sur l'autre, lisait à la lueur d'une lampe à abat-jour de soie verte qui me rappela notre salon de Cerval. De temps à autre, elle posait son livre sur ses genoux, et par un mouvement qui me fit tressaillir à la fois de doux et amers souvenirs, elle appuyait son menton frais et blanc sur le dos de sa main gauche, dont le petit doigt seul était relevé le long de sa joue, avec son ongle luisant et poli comme une coquille rose.

Hélène, de temps à autre, attachait un regard tantôt inquiet sur la pendule, tantôt distrait sur le feu qui jetait une vive flamme; quelquefois aussi elle semblait écouter attentivement du côté du berceau, et reprenait sa lecture; puis en lisant, elle allongeait machinalement un des soyeux et élastiques anneaux de sa belle chevelure, et le portait à ses lèvres; autre manie enfantine qui la faisait gronder bien souvent par sa mère, et qui, hélas! me vint douloureusement encore rappeler mes beaux jours de Cerval!

L'intérieur de ce petit salon était de la dernière simplicité; à côté d'Hélène sur une table couverte d'un tapis, je reconnus un vase de Saxe venant de sa mère, et contenant une de ses fleurs de prédilection; les murs de cet appartement, tendus de papier rouge, étaient couverts d'une foule de cadres de bois de chêne remplis d'aquarelles et de dessins. Enfin, des plâtres moulés sur des bas-reliefs antiques parfaitement choisis, et quelques belles épreuves des eaux-fortes de Rembrandt, complétaient les modestes ornements de cette pièce.

Comme j'examinais tout cela avec un intérêt et une angoisse indicible, j'entendis le bruit d'une voiture, et je m'éloignai précipitamment.

A peine étais-je sur le boulevard, qu'un fiacre s'arrêta devant la maison d'Hélène, un homme de haute taille, mais dont je ne pus voir les traits, en descendit, passa près de moi, et ouvrit la petite porte verte, qui se referma sur lui.

Aussitôt, plus curieux que jamais, je revins aux volets, mais la lumière avait complétement disparu.

. . . .

Après avoir remarqué le numéro de la maison, je rentrai chez moi...

Dire ce que cette nouvelle complication de tristesse me fit éprouver, serait impossible.

Hélène était donc mariée ; mais avec qui ? où était sa mère ? Comment, moi, son parent le plus proche, n'avais-je pas été instruit de cette union ? Il fallait donc que l'aversion d'Hélène fût bien opiniâtre, puisqu'elle n'avait pas même rempli à mon égard un simple devoir de convenance? Mais qui était son mari? D'après ce que j'avais pu voir, sa position de fortune était des plus médiocres ; Hélène se trouvait-elle heureuse ainsi? — Hélas! son charmant visage, si placide et si calme, me le disait assez! car j'avais autrefois pu voir quelles traces douloureuses et profondes le chagrin imprimait à ses traits.

Elle se trouvait donc heureuse !... heureuse sans moi! heureuse... quoique pauvre peut-être! Si cela était en effet ; si la richesse devait être de si peu pour son bonheur, quel odieux mépris n'avais-je pas dû lui inspirer, lorsque je l'accusais si lâchement de cupidité?

Je passai une triste nuit. Heureusement mon impatiente curiosité d'être mieux instruit du sort d'Hélène, vint faire une diversion puissante à mes chagrins en les variant, si cela se peut dire.

Voulant être absolument instruit de toutes les particularités qui regardaient ma cousine, je pensai à divers moyens.

J'avais un de mes gens qui en voyage me servait de courrier ; c'était un garçon alerte, très-adroit et d'une rare intelligence. J'eus un moment envie de le charger d'épier et d'aller aux renseignements ; mais pensant que ce serait peut-être gravement compromettre Hélène, je me décidai à agir moi-même.

Le succès me parut un peu difficile, car la maison était isolée ; il n'y avait ni voisins, ni portier à interroger, et pour rien au monde je ne me serais présenté chez Hélène.

Je poursuivis néanmoins mon projet.

CHAPITRE XIII.

LE MUSÉE.

Le moyen que j'employai, pour savoir qui était le mari d'Hélène, fut fort simple ; et un hasard assez heureux me le fournit.

Le lendemain matin, je m'étais rendu, dans un fiacre à stores baissés, en face de la petite maison du jardin Beaumarchais, afin d'examiner si quelque circonstance imprévue ne faciliterait pas mes projets. Je n'attendis pas longtemps ; sur les neuf heures, un homme chargé d'un paquet de journaux frappa à la porte verte et remit son journal à une femme assez âgée, que je reconnus pour avoir appartenu à ma tante.

J'ordonnai à mon fiacre de suivre le porteur de journaux ; et lorsque après en avoir distribué trois ou quatre autres dans plusieurs maisons du boulevard, cet homme prit une rue adjacente, je descendis de voiture, et allant à lui : « Dites-moi le nom des cinq personnes pour lesquelles vous venez de distribuer vos journaux ? il y a deux louis à gagner.

Cet homme me regardait tout interdit.

Je vous demande cela par suite d'un pari, — lui dis-je. — Ces renseignements, si vous me les donnez, ne peuvent d'ailleurs vous compromettre en rien. — Et je lui mis deux louis dans la main.

— Ma foi, monsieur, volontiers ; comme les bandes de mes journaux sont imprimées, il n'y a pas, je crois, grand mal à vous les montrer.

— Je pris un crayon, et j'écrivis les noms qu'il me dicta ; il m'en nomma trois ou quatre fort insignifiants pour moi, et enfin, en arrivant au numéro de la maison d'Hélène, il me dit : « Monsieur Frank..., peintre. »

— Je lui demandai, pour dérouter ses soupçons, s'il n'y avait pas dans la liste de ses abonnés du boulevard, un monsieur de Verneuil ?

— Il chercha, me répondit que non, me remercia, et je revins chez moi presque heureux.

Le nom de Frank me paraissait étranger ; ainsi Hélène s'était sans doute mariée, pendant son voyage en Allemagne, à un artiste, selon toute apparence encore peu connu, car je ne l'avais jamais entendu nommer.

J'allai cependant ce jour même au Musée, espérant trouver peut-être dans le livret quelques indications sur le mari d'Hélène.

Je ne puis m'expliquer quel intérêt me faisait agir ; presque certain du bonheur d'Hélène, mes découvertes ne pouvaient que m'être pénibles ; mais soit que je ne visse dans ces tristes préoccupations qu'un moyen de distraire ma pensée du souvenir de Marguerite, soit que j'obéisse malgré moi à l'influence d'un sentiment mal éteint dans mon cœur, sortant de l'apathie où je m'engourdissais depuis quelques jours, je mis à ces investigations une activité qui m'étonna.

L'exposition tirait à sa fin : j'entrai dans la galerie ; il n'y avait presque personne. J'ouvris le livret et je trouvai en effet le nom de *monsieur Frank*, boulevard Beaumarchais, n...... Un tableau et deux aquarelles étaient inscrits sous ce nom.

Un fragment d'une scène du *Comte d'Egmont*, de Goëthe, indiquait le sujet du tableau.

Le peintre avait choisi la fin de la délicieuse entrevue de Claire et du comte d'Egmont, qui, à la prière de sa naïve maîtresse, est venu dans le modeste asile qu'elle habite avec sa mère, vêtu de ses splendides habits de cour. « Quelle magnificence ! » — s'est écriée Claire, en admirant avec une joie enfantine le costume éblouissant de celui qu'elle aime d'une passion si profonde et si candide. — « Et ce velours, — reprend-elle, — et ces broderies ! on ne sait par où commencer ; et le collier de la Toison-d'Or ! Vous me disiez un jour que c'était une distinction d'un grand prix ! Je puis donc la comparer à votre amour pour moi..., car je le porte de même..., ici, au cœur. »

Voici d'ailleurs l'indication du tableau telle qu'elle était portée au livret.

N. . . . . M. Frank, *peintre*.

CLAIRE et EGMONT.

CLAIRE. — « Ah ! laisse-moi donc me taire ! laisse-moi te tenir ! laisse-moi fixer mes yeux sur les tiens ! y trouver tout : consolation, espérance, joie, douleur. (*Elle l'embrasse et le regarde fixement.*) Dis-moi, dis, je ne com-

» prends pas? Es-tu bien Egmont? le comte
» d'Egmont? ce grand d'Egmont qui fait tant
» de bruit, dont on parle dans les gazettes, dont
» les provinces attendent leur bonheur?

EGMONT. — « Non, Claire, je ne suis pas cet
» Egmont-là.

CLAIRE. — « Comment?

EGMONT. — « Écoute, mon amie; que je m'as-
» seoie. (*Il s'assied, Claire se met à genoux*
» *devant lui sur un tabouret, appuie ses deux*
» *coudes sur les genoux d'Egmont et tient ses*
» *yeux attachés sur les siens.*) L'Egmont dont
» tu parles est un Egmont chagrin, solennel,
» froid, contraint de s'observer sans cesse, de
» prendre tantôt un masque, tantôt un autre;
» il est persécuté, méconnu, ennuyé, pendant
» que le monde le tient pour gai, libre et joyeux;
» il est aimé d'un peuple qui ne sait ce qu'il
» veut; entouré d'amis auxquels il ne peut se
» confier; observé par des hommes qui ont à
» cœur de le pénétrer et de s'emparer de lui;
» travaillant et se fatiguant souvent sans but,
» presque toujours sans fruit. Oh! fais-moi
» grâce de l'énumération de tout ce que cet
» Egmont-là pense et éprouve!... Mais cet Eg-
» mont que voici, Claire, il est sincère, heu-
» reux, tranquille; il est aimé et connu du cœur

» le plus sensible que, de son côté, il connaît à
» fond, et qu'avec un amour, une confiance
» sans bornes il presse contre le sien... cet Eg-
» mont-là, enfin, Claire... (*il la serre dans ses*
» *bras*), c'est ton Egmont !...

CLAIRE. — « Que je meure donc ! le monde
» n'a pas de joies comparables à celle-ci »

(GOETHE. — *Egmont, acte* II, *scène* 3.)

. . . .

Le libre choix du sujet d'un tableau m'a toujours paru renfermer la juste portée de l'intelligence de l'artiste ; là est sa pensée, sa poésie ; or, je l'avoue, cette scène indiquée par le livret me semblait merveilleusement choisie.

Je cherchai néanmoins ce tableau avec le secret espoir de le trouver médiocre et peu digne de la haute inspiration que le peintre avait demandée à l'un des chefs-d'œuvre de Goëthe.

Hélène m'avait semblé trop heureuse... Si je l'avais trouvée triste, cette pensée mauvaise et envieuse ne me fût pas sans doute venue à l'esprit.

Je cherchai donc longuement ce tableau ; enfin je le découvris dans l'exposition la plus défavorable, à moitié caché par la gigantesque et massive bordure d'un grand portrait.

La toile de Frank était ce qu'on appelle un tableau de chevalet; il pouvait avoir trois pieds et demi de hauteur sur deux pieds et demi de largeur.

Je l'ai dit, j'étais, à ma honte, arrivé devant cette œuvre avec des dispositions malveillantes; mais ce qui tout d'abord, sans les effacer, me les fit oublier un instant, ce fut ma surprise et bientôt mon admiration involontaire, en reconnaissant la douce figure d'Hélène, qui avait sans doute posé pour le personnage de Claire!...

C'était Hélène! dont le charme et la grâce indicibles étaient encore poétisés par la divine puissance de l'art, car lui seul peut donner aux traits qu'il reproduit, même fidèlement, ce caractère inexplicable, grandiose, presque surhumain, qui est peut-être aux traits vivants ce que la perspective historique est aux événements.

Plus j'examinais ce tableau, plus j'admirais malgré moi, et avec les angoisses d'une jalousie haineuse, un talent plein de fraîcheur, de mélancolie et d'élévation, joint à une haute inteltelligence de la nature et des passions.

Quant à Egmont, on ne pouvait voir une physionomie plus mâle et plus expressive. Si quelques plis du front révélaient la trace ineffaçable des soucis politiques, si sa pâleur trahissait la réaction dévorante et concentrée de cette ambition qu'Egmont cachait sous de frivoles dehors ; on voyait qu'une fois du moins, près de Claire, libre de tous ennuis, oubliant ses projets hasardeux, il venait rafraîchir son front brûlant à la douce haleine de cet ange de dévouement et de candeur, qui, comme dit Goëthe, *avait si souvent endormi ce grand enfant.* Le sourire du comte était plein de calme et de sérénité, ses yeux rayonnaient de confiance et d'amour ; sa pose, si allègrement débarrassée de la roideur de l'étiquette, était d'un abandon plein de grâce, tandis que ses deux belles mains pressaient avec tendresse les deux mains de Claire, accoudée sur les genoux de son Egmont qu'elle contemplait avec idolâtrie. Dans ce regard profond et admiratif de Claire on lisait enfin ces mots : « Moi, pauvre fille obscure.... » je suis aimée d'Egmont... du grand Egmont ! » Modestie naïve et enchanteresse qui rend l'amour de cette jeune fille à la fois si chaste, si humble et si passionné !

Quant aux accessoires de ce tableau, leur extrême simplicité avait été habilement calculée, afin de faire ressortir davantage encore la splendeur du costume d'Egmont. C'était l'intérieur d'une pauvre maison flamande ; le rouet de Claire, des meubles de noyer à pieds tors et bien luisants ; à gauche, une petite fenêtre garnie de vitraux entourés de plomb et ombragés au dehors par les pousses vertes d'un houblon, qui couvraient à demi la cage d'un oiseau. A cette fenêtre, pour la première fois sans doute, Claire avait vu Egmont, lorsque passant sur son beau cheval de bataille à la tête de son armée, le comte, avec sa grâce sans pareille, l'avait saluée de son épée d'or, en baissant son panache ondoyant.

Enfin, au-dessus de la haute cheminée à manteau de serge, on voyait une naïve et grossière gravure populaire, représentant le *grand Egmont !* Informe dessin, que Claire avait souvent contemplé, rêveuse, sans pourtant songer qu'un jour ce grand capitaine serait à ses genoux ! ou plutôt qu'elle serait aux genoux d'Egmont ; car c'est avec une admirable sagacité, que le peintre avait ainsi choisi l'attitude de Claire, véritable symbole de l'amour de cette admirable enfant, toujours si timidement agenouillée, si reconnaissante du bonheur qu'elle donne.

Une lumière douce et rare éclairait ce tableau presque entièrement voilé de clair-obscur, car le coloris, bien que large, puissant et vigoureux, était d'une harmonie, d'une suavité merveilleuses ; dans les accessoires rien de vif, d'éclatant, de heurté, n'attirait les yeux. Claire était vêtue du costume noir et simple des jeunes Flamandes, et d'Egmont, de velours brun, brodé d'argent ; ainsi tout l'intérêt du regard, si cela se peut dire, se concentrait absolument sur ces deux admirables figures.

Je l'avoue, malgré mes préventions contre Frank, depuis le *Charles-Quint* de M. Delacroix, la *Marguerite* et le *Faust* de M. Scheffer, les *Enfants d'Edouard* de M. Delaroche, je n'avais peut-être jamais été plus profondément remué par l'irrésistible puissance du génie.

Sous l'influence de ce charme entraînant, ne pensant qu'à jouir de ce que voyais, je me laissais aller aux mille impressions que ce tableau éveillait en moi ; mais cette première effervescence d'admiration involontaire une fois calmée, mon envie revint d'autant plus cuisante, que je sentais mieux tout ce qu'il y avait de grand et d'élevé dans le talent du mari d'Hélène.

Je regardai sur le livret : ce beau tableau était encore à vendre. — Un pauvre cadre, dont, malgré moi, la nudité me fit mal, entourait ce chef-d'œuvre à peine visible, et relégué à l'extrémité de la galerie, parmi toutes les misérables peintures qu'on exile de ce côté.

Je jugeai d'après cela du peu de renom de Frank ; sans doute arrivant d'Allemagne, sans appui et sans protection, il avait abandonné son tableau à tous les hasards de l'exposition.

Quelques grands et vrais talents meurent, dit-on, ignorés ou restent méconnus : je ne le crois pas ; une première chance peut n'être pas heureuse, mais le vrai mérite atteint toujours inévitablement son niveau. Cette réflexion, que je crois juste, je la fis alors en songeant avec amertume que tôt ou tard le remarquable talent de Frank serait révélé, et que son obscurité, dont j'aurais voulu me réjouir, ne devait être que passagère.

Je cherchai le numéro et les sujets des aquarelles, aussi indiquées sur le livret. Elles démontraient, comme le tableau, la poétique intelligence du peintre.

L'une était tirée du *Roi Lear* de Shakspeare; l'autre encore de Goëthe, de son beau drame de *Gœtz de Berlinchingen*.

Non loin du tableau de Frank, je trouvai ces deux dessins de grande dimension.

Le sujet du premier était cette triste et touchante scène, dans laquelle la noble fille du bon vieux roi, Cordelia, épie le retour de la raison de son père, que la cruauté de ses autres filles ont rendu fou, et qui s'écrie : « Où suis-je ?
» est-ce la belle lumière du jour ? Je suis cruel-
» lement maltraité : je mourrais de pure pitié
» d'en voir un autre souffrir ainsi. — Oh ! re-
» gardez-moi, seigneur ! — lui répond la douce
» Cordelia. — Étendez vos mains pour me bé-
» nir... Non, seigneur, ce n'est pas à vous à
» vous mettre à genoux, » s'écrie-t-elle en retenant les mains de son père qui, toujours tremblant et égaré, veut s'agenouiller devant sa fille en disant : « Je vous en prie, ne vous moquez
» pas de moi ; je suis un pauvre bon radoteur
» de vieillard ; j'ai passé mes quatre-vingts ans,
» et pour parler sincèrement, je crains de n'être
» pas dans mon bon sens. — C'est moi, c'est
» votre fille ! — lui crie Cordelia en pleurant et
» mouillant ses mains de larmes. — Vos larmes
» mouillent-elles ? dit le vieux roi. — Oui, en
» en vérité ! — reprend-il ; — oh ! je vous en
» prie, ne pleurez pas ! si vous avez du poison
» pour moi, je le prendrai ; je sais bien que
» vous ne m'aimez pas, car vos sœurs, autant

« que je me le rappelle, ont, hélas ! bien mal
» agi envers moi. »

Toute la tristesse craintive du pauvre vieux roi, toute la tendresse courageuse de Cordelia, respiraient dans ce beau dessin, profondément empreint du mélancolique et sombre génie de Shakspeare.

L'autre aquarelle offrait une vigoureuse opposition avec la première ; on y reconnaissait toute la rustique et sauvage énergie tudesque. Le lieu de la scène était la vaste et antique cuisine du château du vieux Gœtz, transformée en magasin et en hôpital pendant le siége de son habitation féodale par les troupes de l'empire. Élisabeth, femme de Gœtz, est occupée à panser la plaie d'un blessé ; tous les hommes sont aux remparts ; çà et là des enfants et des servantes s'occupent à fondre des balles ou à préparer des vivres pour les assiégés ; le vieux Gœtz vient d'entrer, sa physionomie rude, ouverte et belliqueuse, respire la bravoure et l'opiniâtreté indomptable de ce caractère de fer ; armé pardessus son buffle, il a posé un instant son casque et son arquebuse sur une table massive de chêne, où est étalée la moitié d'un daim qu'on n'a pas eu le temps de dépecer. Gœtz passe une de ses larges mains sur son front, dont il essuie la sueur, et de l'autre, tenant un large vider-come d'étain, il va étancher sa soif et prendre de nouvelles forces...

» — Tu as bien du mal, pauvre femme ? — » dit-il à Élisabeth. — Je voudrais l'avoir long- » temps, — reprend-elle ; — mais nous tien- » drons difficilement. — Du charbon, madame ! » — demande une servante. — Pourquoi ? — » Pour fondre des balles, nous n'en avons plus. » — Comment êtes-vous pour la poudre ? — » Nous ménageons nos coups, madame. »

Pour donner une idée des beautés puissantes et variées des principales figures de ce dessin, il suffira de dire qu'elles rendaient toute la sauvage énergie de ces paroles empruntées à Goëthe.

. . . .

En revenant chez moi, songeant à cet homme inconnu, sans renom, qui m'avait tenu sous le charme irrésistible de son talent, ma jalousie, mon irritation haineuse firent place à une sorte de tristesse plus calme, mais aussi plus douloureuse. Pour la première fois, je rougis de mon oisiveté, en comparant les émotions pures et élevées, les nobles ressources que cet homme que je détestais, que Frank devait trouver dans les arts, à la vie sans but que je traînais si obscurément, sans avoir même le grossier bon sens de jouir pleinement des plaisirs matériels qu'elle m'offrait.

Je ne pouvais néanmoins me le dissimuler, le regret et l'envie étaient les seuls mobiles de ces réflexions. Hélène eût épousé un homme riche, oisif et bien né, dans une position analogue à la mienne, enfin, que je n'aurais pas ainsi pensé ; aussi je songeais avec rage que la renommée mettrait bientôt sans doute, et pour toujours, une distance énorme et insurmontable entre Frank et moi! Tôt ou tard, il donnerait à Hélène, non-seulement la fortune que j'aurais pu lui offrir, mais un nom, un grand nom ! un nom à jamais illustre, peut-être un de ces noms glorieux et retentissants qui font rougir d'orgueil la femme qui le porte!

Oh! cela, je le répète, me semblait affreux, parce qu'il n'y avait pour moi aucune consolation, aucune espérance possible.

J'en trouvai pourtant, à force de remuer toutes les honteuses misères de mon âme aigrie par l'envie. Je me figurai avec une joie cruelle que Frank, malgré tout son talent, toute sa poésie, pouvait être d'un extérieur vulgaire et repoussant, qu'il n'avait pas sans doute reçu cette éducation raffinée dont l'élégance donne aux moindres relations un attrait qu'Hélène, femme d'une si exquise distinction, savait si bien apprécier. Me rappelant avec une méchanceté puérile combien peu j'avais rencontré d'hommes de talent ou de génie, qui eussent autant de charme et de noblesse dans les dehors que d'éclat et de splendeur dans l'intelligence, j'espérais que Frank ne ferait pas partie de ce petit nombre de privilégiés.

Le dirai-je? ce fut avec une incroyable et anxieuse impatience que j'attendis la nuit, afin de me rendre devant les volets de la maison d'Hélène, et de voir si je m'étais trompé au sujet de Frank.

Rien de plus fou, de plus ridicule que cette sorte d'espionnage. Et d'ailleurs pourquoi tourner dans ce cercle fatal? pourquoi aviver encore une plaie déjà si saignante? Je ne sais, mais ma curiosité était insurmontable.

Je ne pouvais aller trop tôt devant la maison d'Hélène, de peur d'attirer l'attention des passants. Il était donc dix heures, lorsque j'arrivai sur ce boulevard solitaire.

La lumière jaillissait des petites ouvertures des volets, je m'en approchai doucement.

Le salon était éclairé; mais d'abord je n'aperçus pas Hélène.

Près de la cheminée un homme dessinait à la clarté d'une lampe. Cet homme ne pouvait être que Frank.

En le voyant je me sentis déchiré par la jalousie et la haine, car cet homme me parut très-jeune et remarquablement beau.

La vive lumière de la lampe éclairait son profil, dont le noble contour offrait une ressemblance frappante et extraordinaire avec les traits de Raphaël à vingt-cinq ans ; sa bouche souriait à la fois sérieuse et douce, enfin les cils de ses paupières baissées étaient si longs qu'ils projetaient une ombre sur ses joues d'une pâleur délicate ; ses cheveux châtains, selon la mode des étudiants allemands, tombaient en nombreuses boucles sur son col, dont on pouvait voir la grâce et l'élégance ; car Frank portait une sorte de robe de chambre de velours noir, sans collet, serrée autour de sa taille par un cordon de soie pourpre ; enfin sa main blanche et allongée, qui de temps à autre agitait un pinceau dans un vase de cristal, était d'une admirable forme.

Rien de plus misérable, sans doute, que mon angoisse presque désespérée à l'aspect de la beauté de Frank. Mais les blessures secrètes et honteuses de l'orgueil, parce qu'elles atteignent les plus profonds replis du cœur, en sont-elles moins douloureuses?

Pourtant, avec l'insatiable avidité du désespoir, qui veut tarir sa coupe amère jusqu'à la lie, je regardai de nouveau dans ce salon, en appuyant mon front brûlant sur l'humide planche des volets.

Je jetai les yeux vers la porte qui communiquait à cette autre pièce où la veille j'avais aperçu le berceau. Cette fois, par cette porte, entièrement ouverte, je vis, au fond de cette chambre, Hélène dormant à côté de son enfant.

Frank dessinait toujours en jetant de temps en temps un tendre regard sur ce groupe enchanteur.

De ma vie je n'oublierai le spectacle sublime de ce noble jeune homme, travaillant ainsi dans le silence de la nuit, et le pieux recueillement du foyer domestique, pour assurer l'existence de sa femme et de son enfant, qui reposaient si paisibles sous son égide tutélaire.

Toute la noirceur de mon envie ne put résister à cette scène si simple et si grande; mon âme, jusque-là froide et inflexible, se sentit peu à peu et doucement pénétrée par l'admiration. Je compris ce qu'il fallait d'espérance et de force à ce jeune homme, d'un talent aussi élevé qu'inconnu, pour lutter contre les jours mauvais, malgré les terribles préoccupations d'un avenir incertain...

Qu'Hélène était belle ainsi, que son sommeil paraissait heureux! quel calme angélique sur ses paupières fermées, quelle sérénité sur son front pur et blanc, entouré de deux bandeaux de cheveux blonds! avec quelle grâce maternelle elle abandonnait une de ses adorables mains à son enfant, qui tout en dormant la serrait entre ses petits doigts! Hélène, attentive, la lui avait laissée sans doute de crainte de l'éveiller... Quel charme sérieux enfin répandait sur tous ses traits ce mélancolique et doux sourire de la jeune femme heureuse et fière de sa dignité de mère!

Combien mes regrets furent désolants, avec quelle amertume je songeai de nouveau à tout ce que j'avais perdu en contemplant ce tableau candide et chaste, en admirant cet intérieur si pauvre, et qui paraissait pourtant si béni de Dieu!

. . . .

Je ne sais combien de temps je restai absorbé dans ces pensées, mais il devait être tard lorsque je regardai de nouveau dans le salon, car Frank s'était levé, et semblait contempler son ouvrage avec cette fugitive et inexplicable confiance de l'artiste, qui le ravit parfois d'un noble orgueil. Révélation rapide et éphémère, qui, dit-on, ne dure qu'un instant, mais qui, dans ce moment, lui montre son œuvre resplendissante de beautés de toutes sortes : puis, phénomène étrange, cette lueur divine une fois disparue, ce cri de conscience du génie une fois éteint, l'artiste en garde à peine le souvenir. Cela n'est plus qu'un songe vague et lointain, dont le souvenir l'agite encore sans le rassurer sur lui-même, et il retombe alors dans ses doutes écrasants sur la véritable valeur de son talent ; tortures éternelles des âmes d'élite, qui comparent avec accablement les vanités de l'art à la désespérante grandeur de la nature.

Après avoir ainsi contemplé son dessin, Frank sourit tristement, le couvrit, et alla vers un petit bureau situé de l'autre côté de la cheminée, ouvrit un tiroir, y prit une bourse, et, ayant mis à part quelques pièces d'or, il parut soupirer en voyant le peu qui restait...

Presqu'en même temps, il jeta un rapide et douloureux regard sur sa femme et sur son enfant; puis, le front appuyé dans ses mains, il resta ainsi accoudé sur le marbre de la cheminée.

Je compris tout.

Sans doute cette noble créature éprouvait alors une de ces craintes affreuses, pendant lesquelles l'inexorable réalité l'écrasait de son poids morne et glacé ! Les ailes radieuses de son brillant génie, un moment déployées, venaient de se heurter à ce terrible et hideux fantôme, toujours béant comme un sépulcre... LE BESOIN ! Et il avait une femme, un enfant... et cette femme était Hélène !

Pourtant, après un moment de réflexion, Frank releva fièrement son beau visage ; son regard, encore humide, brillait alors de courage et d'espoir. Je ne sais si ce fut par hasard, mais ce regard, à la fois si touchant et si énergique, s'arrêta sur la *Descente de Croix* de Rembrandt, une des gravures qui ornaient ce salon.

Aussi, en contemplant ce symbole de la souffrance sur la terre, les traits de Frank redevinrent peu à peu d'une sérénité grave ; sans doute, il eut presque honte de sa faiblesse et de son découragement, en pensant aux immenses douleurs et à l'angélique patience de celui dont le calvaire avait été si haut et la croix si lourde !...

Je revins chez moi plus triste, mais moins

malheureux ; quelques bons instincts calmèrent enfin l'ardeur cuisante de mes regrets. Je n'eus pas l'odieuse force d'envier à Frank son bonheur et de me réjouir de cette pauvreté si courageusement soufferte ; l'amour que j'avais eu pour Hélène ; le souvenir de ma mère, qui l'avait tant aimée, de mon père, pour qui elle avait été une fille, tout me donna de meilleures pensées ; je voulus leur être utile à tous deux, sans pourtant voir Hélène, et le lendemain, pour arriver à ce but, je me rendis chez lord Falmouth.

CHAPITRE XIV.

DÉPART.

Mon intention était de prier lord Falmouth d'acheter pour moi, mais en son nom, le tableau et les deux aquarelles de Franck ; puis de vouloir bien, toujours en son nom, commander à ce peintre une suite de grands dessins dont les sujets devaient être pris dans Schiller, Shakspeare, Goëthe et Walter-Scott.

Mon but était d'assurer, par ce travail facile

et commode, qui ne gènerait en rien l'inspiration nécessaire à de plus grandes œuvres ; d'assurer, dis-je, pour assez longtemps l'avenir de Frank et d'Hélène, et de délivrer ainsi ce noble jeune homme des tristes et affligeantes préoccupations qui souvent réagissent d'une manière fatale sur les plus beaux génies.

Je m'adressais de préférence à lord Falmouth, parce que, malgré sa réputation d'homme absolument blasé, et son dédaigneux et profond scepticisme de tout et de tous, il était le seul, parmi les gens de ma connaissance, à qui je pusse faire cette confidence délicate. J'avais d'ailleurs quelquefois remarqué chez lui, sans doute en raison de ce vulgaire axiome que *les extrêmes se touchent*, une grande propension, non pas à éprouver, mais du moins à contempler, si cela se peut dire, des émotions jeunes, naïves et heureuses.

Il était assez difficile de pénétrer chez lui avant quatre heures du soir, heure habituelle de son lever; pourtant je fus introduit.

« Et d'où sortez-vous ? — me dit-il ; — depuis huit jours on ne vous voit plus nulle part. Je sais bien que madame de Pënâfiel est partie, mais vous n'êtes pas un homme inconsolable ;

d'autant plus qu'un départ est toujours flatteur...... quand on reste...

— J'avais très-sérieusement à vous parler, — lui dis-je craignant que, si la conversation prenait ce ton de légèreté, l'interprétation du service que j'avais à lui demander ne s'en ressentît.

— Et qu'est-ce donc? — me dit-il.

— En deux mots, voici ce dont il s'agit : un jeune peintre, étranger, et d'un très-grand talent, mais jusqu'ici absolument inconnu, a épousé ma cousine germaine, une sœur pour moi, avec laquelle j'ai été élevé, c'est vous dire que je la vénère autant que je l'aime. Un malheureux procès contre ma tante, procès que, pendant un voyage, j'ai pour ainsi dire intenté et gagné malgré moi, par l'abus d'une procuration, dont mes gens d'affaires se sont servis sans me prévenir, a jeté beaucoup de froideur entre ma cousine et moi, du moins de sa part, car, ne sachant pas la vérité, elle a trouvé ma conduite d'une honteuse cupidité. Le gain de ce procès est de peu pour moi ; mais il serait d'un grand secours à ma cousine et à son mari, qui, je vous l'avoue, sont pauvres ; d'un autre côté ne nous voyant plus, et connaissant l'ombrageuse fierté de cette jeune femme, il me serait absolument impossible de lui restituer ce que j'ai gagné malgré moi. J'ai donc pensé à un moyen qui concilierait tout, si vous aviez l'extrême obligeance de venir à mon aide. Ce jeune peintre a exposé un tableau et deux aquarelles qui révèlent un grand et incontestable talent ; mais son nom est encore obscur. Je désirerais donc que vous achetassiez ces ouvrages comme pour vous, et de plus, que vous lui commandassiez, sous le même prétexte, une suite de grands dessins sur différents sujets de Shakspeare, de Goëthe, Schiller et Scott, jusqu'à la concurrence de 50,000 fr. C'est, vous le voyez, une manière indirecte, non pas de rendre l'argent que m'a fait gagner ce maudit procès, je ne le puis malheureusement pas, mais au moins d'être utile à ma cousine et à son mari, que de plus heureuses circonstances et un travail assuré peuvent placer bientôt à la hauteur qu'il mérite...

Selon son caractère impassible, lord Falmouth ne me témoigna pas la moindre surprise, ne me fit pas la moindre objection ; mais, avec la plus aimable obligeance, me promit de faire ce que je lui demandais, et nous convînmes d'aller le lendemain au Musée voir les œuvres de Frank.

De plus, il m'offrit de recommander très-instamment cet artiste à cinq ou six très-grands connaisseurs de ses amis, qui devaient bientôt tirer *mon grand peintre* de l'obscurité, s'il avait véritablement le talent que j'annonçais.

J'allai donc le lendemain au Musée avec lord Falmouth, il avait lui-même beaucoup aimé les tableaux ; mais s'ennuyant de tout il y demeurait alors très-indifférent : pourtant il fut frappé de l'inappréciable talent qui se révélait si soudainement dans les œuvres de Frank ; il admira surtout le tableau de Claire et d'Egmont, l'apprécia avec une merveilleuse sagacité, et m'avoua qu'il s'était un peu défié de mon enthousiasme, mais qu'il était obligé de reconnaître là un très-grand peintre.

Lord Falmouth devait se rendre chez Frank le lendemain soir ; lui ayant écrit un mot le matin, pour savoir s'il pouvait le recevoir.

Sous prétexte de porter à lord Falmouth l'argent destiné à ces acquisitions, j'allai le trouver, poussé par le désir puéril de voir la réponse de Frank : elle était très-simple, mais très-digne, et non pas empreinte de cette prétentieuse modestie ou de cette obséquieuse humilité qui gâtent souvent les plus belles intelligences.

— Si vous voulez venir souper chez moi, — dis-je en sortant du salon à lord Falmouth, — et après votre visite à notre grand artiste, je vous attendrai... Mais pas plus tard que six heures du matin, — ajoutai-je en souriant.

— Je serai chez vous avant minuit, — me répondit-il, — voici qui vous paraîtra énorme. Le fait est que depuis cinq ou six jours, je ne joue plus ; je suis en veine de gain, et cela m'ennuie ; puis, le jeu par lui-même me paraît décidément stupide, je n'ai pas le courage de jouer assez pour me ruiner, et, comme distraction, la perte et le gain n'en valent pas la peine.

— Et à quelle heure irez-vous donc chez Frank ? — lui dis-je.

— Mais à neuf heures, ainsi qu'il me le demande dans sa réponse. A propos de cela, vous me trouverez singulier, ridicule, — ajouta lord Falmouth ; — mais je ne puis m'empêcher de remarquer la façon matérielle dont une lettre est écrite, et jusqu'à la manière dont elle est ployée, car je tire toujours de ces remarques de très-certaines inductions sur le savoir-vivre des gens ; et du moins, sous ce rapport, notre jeune peintre me paraît un véritable gentleman. »

Je quittai lord Falmouth.

Je ne puis cacher que cette dernière observation de sa part, à propos de ces riens, pourtant si significatifs, qui m'avaient aussi frappé dans la lettre de Frank, me fit éprouver, malgré mes généreuses intentions, un cruel et nouveau sentiment d'envie.

Alors, sans doute par suite de cette jalouse réaction, j'en vins pour la première fois à insulter à ma noble conduite envers Frank et Hélène ; je me moquai de ma délicatesse avec une amère ironie ; je me trouvai ridicule et niais d'obliger ainsi des gens qui ne parlaient sans doute de moi qu'avec dédain ; puis j'arrivai par cet enchaînement de pensées misérables à accuser encore Hélène. Elle ne s'était sitôt consolée que parce qu'elle ne m'aimait pas ; malgré mon amour, mes regrets, mes remords, elle avait été sans pitié pour moi ; son refus de ma main n'était que la folle exaltation d'un faux *point d'orgueil.* Elle était encore plus fière qu'égoïste et intéressée, me disais-je. Mais heureusement qu'elle ignore la source d'où lui vient ce secours, et qu'excepté lord Falmouth dont je connais la discrétion, et auquel j'ai d'ailleurs caché le véritable prétexte de cette démarche, personne n'est instruit de ma sotte générosité; et puis, après tout, ajoutai-je, en voulant à toute force trouver un but sordide à ma conduite, « le tableau et les dessins me » restent!... et lorsque Frank sera connu, *j'au-* » *rai fait une bonne affaire.* »

Hélas! c'est ainsi que je trouvais encore moyen de flétrir et de dénaturer ma bonne et noble action par cette odieuse crainte de passer pour *dupe* d'un sentiment honorable et élevé.

. . . .

Malgré ces pensées qui vinrent un moment obscurcir le seul rayon de bonheur dont la bienfaisante influence m'eût un peu ravivé, je voulus voir Hélène pour une dernière fois si je le pouvais, et aussi être témoin invisible de la façon dont elle et Frank accueilleraient lord Falmouth.

Je me rendis donc le soir à neuf heures sur le boulevard, ne voulant m'approcher de la maison qu'après l'entrée de lord Falmouth.

Je n'attendis pas longtemps : bientôt une voiture s'arrêta : c'était la sienne. J'appuyai de nouveau mon front aux volets.

Par une nuance de tact parfait qui me prouva qu'Hélène était toujours la même, il n'y eut rien d'apprêté dans son modeste logis, rien en un mot qui signalât l'attente d'un *Mécène*. Elle était mise avec son goût et sa simplicité ordinaire.

Lorsque lord Falmouth entra, il salua profondément Hélène, qui l'accueillit avec une réserve polie, pleine de charme et de dignité. Frank, par ses manières, me parut saisir avec une parfaite mesure le point précis où doit s'arrêter la fierté de l'artiste, pour faire place à l'affabilité de l'homme du monde ; puis, sans doute, d'après la demande de lord Falmouth, il lui montra quelques cartons, et je vis sur la figure ordinairement si impassible de ce dernier, se révéler presque de l'enthousiasme, à propos de je ne sais quel dessin ; tandis qu'Hélène rougissait d'orgueil et de plaisir en entendant ces louanges que Frank recevait avec une sorte de modestie sérieuse pleine de convenance.

Après une visite d'une demi-heure, lord Falmouth prit congé d'Hélène, qui, sans se lever, lui rendit son salut de l'air du monde le plus affable ; Frank sonna, conduisit lord Falmouth jusqu'à la porte du salon, et le salua.

Je me cachai quand lord Falmouth remonta en voiture ; puis je revins aux volets.

Frank ni Hélène n'étaient plus dans le salon ;

ils étaient allés tous deux contempler leur enfant, et je les vis sourire près de son berceau en le regardant avec amour, comme s'ils eussent rapporté à cette angélique petite créature ce bonheur inattendu qui leur arrivait.

. . . .

Pour la dernière fois, je regardai cette maison avec une indicible tristesse, et je m'éloignai en faisant un tacite adieu à Hélène.

Rentré chez moi, j'attendis impatiemment lord Falmouth. afin de savoir l'impression qu'Hélène et Frank avaient faite sur lui.

On ne tarda pas à l'annoncer.

— Savez-vous, — me dit-il en m'abordant, — que votre cousine est une très-grande dame? qu'il est impossible d'avoir plus de grâce et de distinction? qu'elle cause à ravir, et que je conçois à merveille votre colère contre vos gens d'affaires qui vous ont fait gagner un procès contre une aussi charmante femme!

— Et Frank? — lui demandai-je.

— Notre grand peintre? Avant un an, cet homme-là sera placé à sa hauteur, j'en réponds, et sa place sera bien belle; c'est peut-être encore moins son admirable tableau qui me dit cela que sa conversation; nous avons pourtant peu causé; mais dans quelques esquisses qu'il m'a montrées, et dans cinq ou six pensées fort remarquables qu'il m'a développées tout naturellement, j'ai vu de véritables lingots de l'or le plus fin et le plus pur, qui n'attendent que la façon et l'empreinte ; or, je vous assure qu'elles seront des plus magnifiques. Avec cela les meilleures formes; et, au milieu de cette médiocrité, je ne sais quel parfum d'élégance native qui m'a frappé; enfin, ces deux beaux jeunes gens sont si réservés, si nobles, si dignes dans leur pauvreté, que j'en ai été touché; aussi vous dois-je une des plus suaves impressions que j'ai ressenties depuis bien des années. Votre commission est faite, les tableaux sont à vous, notre Frank va s'occuper des dessins ; quant au prix, il tirera à vue sur mon banquier. Je lui ai aussi demandé deux tableaux pour moi, car il m'a un peu remis en goût pour la peinture; je lui enverrai de plus deux ou trois connaisseurs très-éminents qui sauront le faire valoir; enfin, avant six mois, il gagnera ce qu'il voudra, et alors il perdra la seule chose qui, à mon avis, lui messied, c'est-à-dire la réserve un peu fière de ses façons; car la fortune détend les âmes élevées, tandis qu'elle guinde les âmes basses jusqu'au sublime du ridicule et de l'insolence.

Ces louanges données à Frank, par un homme habituellement aussi froid que lord Falmouth, ces louanges me firent mal, car elles consacraient à mes yeux, d'une manière irrécusable, tout le bien que malgré moi je pensais du mari d'Hélène; je remerciai lord Falmouth de son obligeance; mais s'apercevant sans doute de l'impression désagréable qui m'obsédait, il me dit :

— Vous paraissez soucieux ?

— Je le suis assez en effet; et comme vous êtes de ce petit nombre de gens auxquels on ne parle pas que des lèvres, je vous l'avoue, — lui dis-je.

— Franchement, j'aime mieux vous trouver dans cette disposition d'esprit, que très-gai, — reprit-il; — je ne sais pourquoi, depuis quelques jours, je m'ennuie plus que de coutume. — Puis après une pause assez longue : — Est-ce que la vie qu'on mène ici vous amuse infiniment? — me dit-il.

— Grand Dieu, non! — m'écriai-je.

— Sérieusement ?

— Oh! très-sérieusement.

A ce moment, on m'annonça que j'étais servi.

— Veuillez donc faire mettre ce qu'il nous faut sur des servantes, et renvoyez vos gens;

nous causerons plus librement, — me dit lord Falmouth en anglais pendant que nous passions dans la salle à manger.

Nous restâmes seuls.

— Grâce à Dieu, — me dit-il, — je n'ai jamais plus d'appétit que lorsque je m'ennuie. On dirait qu'alors la bête nourrit la bête.

— Je suis aussi assez gourmand, mais par accès, — repris-je ; — et j'arrive alors jusqu'aux limites de l'impossible, et où il me faudrait un génie créateur et inventif, je ne trouve plus qu'un cuisinier. Et puis, vous allez vous moquer de moi ; mais il me faut une raison pour dîner *avec conscience*, si cela se peut dire ; après une longue chasse, par exemple, bien commodément étendu dans un fauteuil : j'y trouve une sensualité très-délicate ; mais faire de mon dîner une étude, réfléchir sérieusement à ce que je mange, c'est un plaisir trop borné ; car on tombe aussitôt dans les *redites*, et alors vient la satiété.

— Eh bien ! — me dit lord Falmouth, — j'ai eu, moi, un véritable Christophe Colomb en ce genre, qui m'a découvert des mondes inconnus ; malheureusement il est mort, non pas par un lâche suicide, comme votre Vatel, mais dans un bel et bon duel [1] avec le chef d'office de M. de Nesselrode ; car mon pauvre Hubert méprisait profondément l'office ; il s'en occupait parfois pour se délasser... en se jouant... comme il disait ; aussi prétendait-il que le pudding glacé à la Nesselrode était le fruit d'un de ses loisirs, et que son rival n'était qu'un plagiaire. Mais, triste sort des choses d'ici-bas, mon pauvre Hubert fut doublement victime, et le grand nom diplomatique, qui avait canonisé le pudding dans la légende des gourmands, surnagea seul.

— Chose singulière, — dis-je alors à lord Falmouth, — que le duel et le suicide descendent jusque-là, et combien il est vrai que les passions seules changent de nom !...

— C'est que pour mon pauvre Hubert la cuisine était une véritable passion. Assouvir la faim n'était qu'un vil métier, — disait-il ; — mais faire manger quand on n'avait plus faim, était un grand art selon lui, et un art qu'il mettait au-dessus de beaucoup d'autres.

— Et il avait raison, — dis-je à lord Falmouth ; — car si l'on était assez sage pour se tenir aux plaisirs sensuels, que la vie serait

[1] Historique.

calme! ce qu'il y a d'admirable dans la jouissance des appétits physiques, c'est qu'ils peuvent toujours être rassasiés, et que leur satisfaction laisse une torpeur, un engourdissement qui est encore un charme, tandis que les productions d'esprit, même les plus splendides, ne laissent, dit-on, que regrets et amertume.

— Je suis de votre avis, — dit lord Falmouth. — Il est évident que toute pensée abstraite, longtemps poursuivie, ne laisse que doute et lassitude chagrine, parce qu'il n'est pas donné à l'esprit de l'homme de connaître la vérité *vraie,* ni d'atteindre au vrai beau, tandis qu'un appétit physique, largement satisfait, laisse l'organisation calme et doucement satisfaite, en cela que l'homme a complétement rempli une des vues précises de la nature.

— Cela est vrai ; la pensée use et tue.

— Et avec tout cela, — dit lord Falmouth en vidant lentement son verre, — on vit, le temps se passe, chaque jour on s'écrie : Quel ennui ! mais cela n'empêche pas, Dieu merci, les heures de couler.

— Et l'on arrive aussi, — lui dis-je, — au terme de la vie, jour sur jour, heure sur heure...

Lord Falmouth fit un geste de résignation, remplit son verre, et me poussa le flacon.

Nous restâmes quelques moments sans parler. Lord Falmouth rompit le premier le silence, et me dit :

— Votre voiture de voyage est-elle prête ?

— Sans doute, — lui dis-je fort surpris de cette brusque demande.

— Écoutez, — me dit-il, comme s'il se fût agi de la chose la plus simple : — vous êtes à cette heure très-malheureux, vous ne m'avez pas dit pourquoi, par conséquent je l'ignore ; Paris vous ennuie autant qu'il m'est odieux ; j'ai quelquefois rêvé un projet étrange, fou, et qui pour cela m'a beaucoup séduit, mais il me fallait un compagnon qui se sentît l'énergie de vouloir acheter des émotions nouvelles, fortes et puissantes, peut-être au mépris de sa vie.

Je regardai lord Falmouth fixement.

Il continua en vidant son verre à petits coups.

— Il me fallait, pour mettre ce projet à exécution, trouver quelqu'un qui, pour s'associer avec moi, fût, comme disent les bonnes gens, — tout prêt à se donner au diable, — non par misère, mais au contraire par surabondance des joies et des biens de ce monde...

Je regardai de nouveau lord Falmouth,

croyant qu'il plaisantait ; il était, comme toujours, fort calme et fort sérieux.

— Eh bien ! — me dit-il lentement, — voulez-vous être ce compagnon ?

— Mais de quoi s'agit-il ? lui demandai-je en souriant.

— Je ne puis vous le dire encore ; mais si vous acceptez mon offre, voici ce que vous aurez à faire : d'abord, compter sur un voyage d'un an au plus... ou sinon...

— Éternel... je comprends. Ensuite ?

— Ne prendre avec vous qu'un homme, sûr, vigoureux et déterminé.

— J'ai cela parmi mes gens...

— Bien : emporter quinze ou vingt mille francs, pas plus.

— Ensuite ?

— Vous munir, vous et votre homme, d'excellentes armes.

Je regardais lord Falmouth en continuant de sourire. — Cela devient grave, — lui dis-je.

— Laissez-moi finir, vous agirez comme bon vous semblera ; — il reprit : — Il faut vous munir d'excellentes armes, de votre passe-port, et envoyer chercher des chevaux à l'instant...

— Comment ! partir... cette nuit ?

— Cette nuit... à cette heure : vous allez me donner de quoi écrire un mot à mon valet de chambre ; mon valet de pied le lui portera, et reviendra ici avec ma voiture de voyage et tout ce qu'il me faut, car il est important que vous ayez votre voiture et moi la mienne.

— Ah çà! parlez-vous sérieusement? — lui dis-je.

— Donnez-moi de quoi écrire, et vous en serez assuré.

En effet, lord Falmouth écrivit et un de ses gens partit avec la lettre.

— Mais, — lui dis-je, — des habits... des malles?

— Si vous m'en croyez, n'emportez que du linge et ce qu'il vous faut pour la route.

— Mais encore, cette route est-elle longue? quelle est-elle?

— Celle de Marseille.

— Nous allons donc à Marseille?

— Pas précisément, mais dans un petit port très-proche de cette ville.

— Et quoi faire?

— Nous y embarquer.

— Et pour quelle direction?

— Ceci est mon secret, confiez-vous à moi et vous ne le regretterez pas... Pourtant je dois vous dire, — ajouta-t-il d'un air qui, malgré moi, m'impressionna, — je dois vous dire, sans faire de mauvaise plaisanterie, que vous n'auriez pas tort, en cas de *non-retour*, de faire les dispositions que vous pourriez avoir à faire.

— Mon testament ! — m'écriai-je en riant de toutes mes forces cette fois.

— Comme vous voudrez, » — me dit lord Falmouth de son air impassible.

Tout en prenant ce voyage pour une espèce de mystification, à laquelle je me prêtais d'ailleurs fort volontiers, tant j'avais hâte de quitter Paris, où trop de cruels souvenirs m'attristaient, je ne savais véritablement pas s'il ne serait pas prudent d'écrire quelques derniers mots ; pourtant, je dis à lord Falmouth :

« Allons, c'est un pari que vous avez fait de m'amener à écrire mon testament ?

— Ne le faites donc pas, » — me dit-il sans sourciller.

Je savais que plusieurs fois lord Falmouth était ainsi parti fort impromptu pour de très-longs voyages. Je pensais donc qu'il se pouvait après tout qu'il eût envie de s'absenter. Or, comme sa compagnie me plaisait fort, et que l'objet du voyage qu'il voulait me cacher, sans doute pour piquer ma curiosité par ces apparences mystérieuses, pouvait me convenir, et peut-être avoir des suites qu'il m'était impossible de prévoir, je crus bien d'écrire quelques mots, en *cas de non-retour,* comme il disait.

Cette détermination si prompte me semble aujourd'hui au moins aussi bizarre que les résultats qu'elle amena ; mais j'avais été si chagrin depuis quelque temps, j'étais tellement libre de toute affection, de tout devoir, que la brusquerie même de cette détermination me plut, comme plaît toujours une chose étrange à vingt-cinq ans.

Je fis venir mon ancien précepteur, et je lui laissai mes ordres et mes pouvoirs.

Au bout d'une heure, mes préparatifs étaient terminés, la voiture de lord Falmouth nous attendait. J'y montai avec lui. Nos gens devaient nous suivre dans la mienne.

Dix minutes après, nous avions quitté Paris.

FIN DU DEUXIÈME VOLUME.

TABLE DES CHAPITRES.

MADAME LA MARQUISE DE PENAFIEL.

(SUITE.)

Chapitre I. Projets.	1
II. L'album vert.	12
III. Prima-sera.	24
IV. Des bruits du monde et de la coquetterie.	58
V. Du christianisme de salon.	74
VI. Le parloir.	81
VII. L'aveu.	90
VIII. Contradictions.	108
IX. Marguerite.	115
X. Jours de soleil.	132
XI. Méfiance.	176
XII. Rencontre.	193
XIII. Le musée.	206
XIV. Départ.	227

FIN DE LA TABLE.

Les ŒUVRES COMPLÈTES DE M. EUGÈNE SUE se composent aujourd'hui de 64 volumes in-8º à 7 fr. 50, dont le prix total serait de 457 fr. 50 c., savoir :

La Salamandre...............	2 vol. in-8º.	15 »
La Coucaratcha.............	3 vol. in-8º.	22 50
Deleytar....................	2 vol. in-8º.	15 »
Deux histoires..............	2 vol. in-8º.	15 »
Plick et Plock...............	1 vol. in-8º.	7 50
Atar-Gull...................	2 vol. in-8º.	15 »
La Vigie de Koat-Ven......	4 vol. in-8º.	30 »
Thérèse Dunoyer...........	2 vol. in-8º.	15 »
Latréaumont................	2 vol. in-8º.	15 »
Paula Monti.................	2 vol. in-8º.	15 »
Le Morne au Diable........	2 vol. in-8º.	15 »
Le Commandeur de Malte..	2 vol. in-8º.	15 »
Mathilde....................	6 vol. in-8º.	45 »
Arthur......................	4 vol. in-8º.	30 »
Les Mystères de Paris......	10 vol. in-8º.	75 »
Le marquis de Létorière...	1 vol. in-8º.	7 50
Jean Cavalier...............	4 vol. in-8º.	30 »
Le Juif-Errant..............	10 vol. in-8º.	75 »
	64 vol.	457 50

Chacun de ces volumes, imprimé dans le format in-18 que les bibliophiles connaissent sous le nom de format-Cazin, coûtera

1 franc.

Paris. Imprimé par Plon Frères, rue de Vaugirard, 36.

www.ingramcontent.com/pod-product-compliance
Lightning Source LLC
Chambersburg PA
CBHW060129190426
43200CB00038B/1900